這個布丁要現在吃？還是先忍耐？

柿内尚文 著　高詹燦 譯

人生是由

「四個時間」組成

你想增加的

是哪個時間？

序章

在都市裡生活的青年，到南島旅行。

這位工作忙碌的青年，無法悠哉享受旅行，他帶著筆電到南島的海灘上工作。

這時來了一位住在島上的少年。

少年「大哥哥，你在這裡做什麼？」

青年「我從都市到這裡旅行，但工作太忙，所以在這裡工作。」

少年「真是辛苦。大哥哥，你這麼努力工作，是為了什麼？」

青年「因為我想努力工作，好成功賺大錢啊。」

少年「賺大錢之後要做什麼？」

青年「這個嘛，賺大錢之後，我想在南島悠哉地過日子。」

少年「和我一樣呢。我現在過的也是這種生活。」

青年「……」

前言　人生的時間就像沙漏

那是超市即將關門時，走進店內發生的事。

熟食區擺出貼有半價貼紙的炸雞、煎餃、天婦羅。為了將賞味期限快到期的熟食賣光，這是常有的景象。

以熟食來說，能在店內販售的時間，被設定為「賞味期限」。

它的「終點」很清楚明確。

和熟食一樣，人生也一定有「終點（死亡）」這樣的期限。

不過，那是什麼時候，不得而知。

終點的時間如果能清楚知道的話。

什麼該做，什麼不該做。
優先順序應該也會很清楚明確。

如果你只剩最後一年的時間。
序章裡的那位青年也許會馬上搬到南島上。

這是有終點的人生。
隨著時間的用法不同，人生會有很大的改變。
就舉日常的這種場面為例。如果是你，會採取怎樣的時間選擇呢？

碰巧走進一家咖啡廳，裡頭有好吃的布丁。
你喜歡吃布丁。看著布丁，你心裡想「好想吃！」
但另一方面，你目前正在減肥，對甜食有節制。
在這種情況下遇見看起來很可口的布丁，你是選擇吃？還是忍耐？

這是難得的機會，所以要吃。
不，為了成功減肥，要忍耐。
腦中起了糾葛。
是選擇「吃」這種「幸福的時間」，還是選擇「忍下來減肥」這種對未來「投資的時間」呢？

這沒有正確答案。只有你自己的選擇。

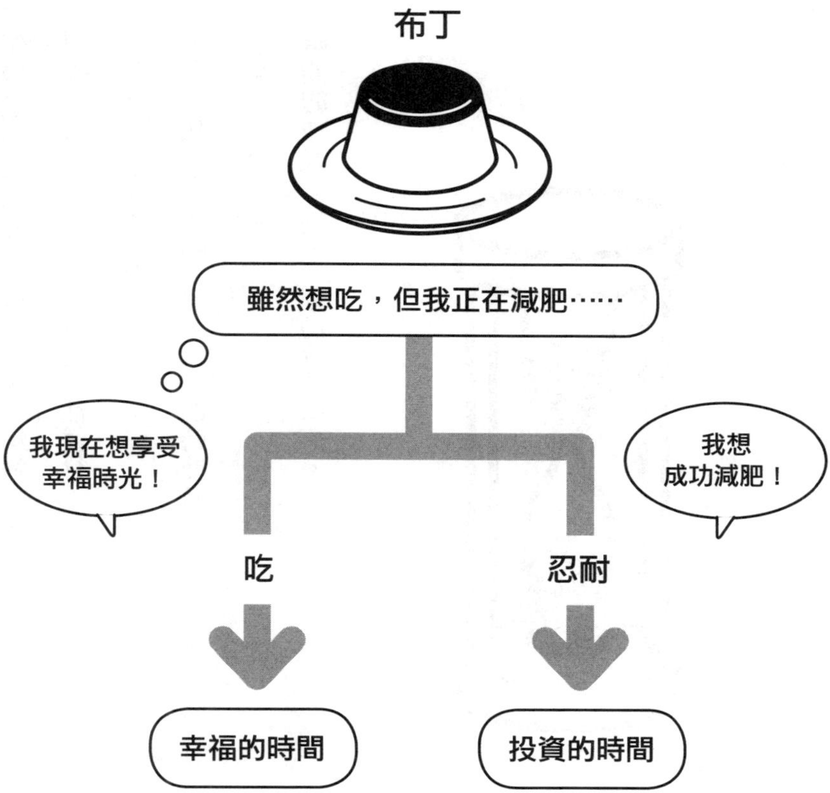
布丁
雖然想吃，但我正在減肥……
我現在想享受幸福時光！
我想成功減肥！
吃
忍耐
幸福的時間
投資的時間

沒有正確答案！
只有你自己的選擇！

如果時間無限的話，或許就不會煩惱了。
只要努力工作，日後到南島生活就行了。
先吃布丁，之後再減肥就行了。
不過，我再重複說一次，人生的時間有限。
它就像沙漏一樣。
時間的沙漏，在這一刻仍持續掉落。

要是每天都忙得不可開交，老是被眼前的時間追著跑……

或許有必要先停下腳步，重新對有限的時間展開思考。

思考時間，也就是「思考如何生活」。

在此容我問個問題。

對你來說，「時間」很重要嗎？

「很重要」。大部分人都會這樣回答對吧。

那麼，如果是接下來這個問題呢？

你懂得珍惜「時間」嗎？

這個問題如何？能很有自信地回答一句「我懂得珍惜」的人，會有多少呢？

過去我問過許多人這個問題，但能很有自信地回答「我很懂得珍惜時間」的人，極為少數。

明明認為時間很寶貴，卻無法珍惜時間。

「想法」和「行動」要相互一致，很不容易對吧。

明明很珍惜工作，卻還是忍不住老抱怨工作。

明明認為家人很重要，但被問到平時是否很珍惜家人，卻又沒自信說是。

明明覺得錢很重要，但不知為何又會亂花錢。

時間就像呼吸一樣，再理所當然不過了。

也因為它過於自然，所以我們在生活中無法時時意識到時間的存在，相反地，如果過於在意它的存在，便會被時間束縛，甚至會被壓得喘不過氣來。

時間是很麻煩的存在。

要重拾這麼麻煩的時間，讓自己的人生變得豐足，該怎麼做才好？這正是本書的主題。

應該每個人都想過美好的人生。

但也許會對現狀感到不滿或不安，無法很有自信地說一句「我過著很美好的人生」。

明明覺得很重要，卻無法珍惜，這是為什麼？

人生的時間明明有限，為什麼會因為眼前的事而忙得不可開交呢？

我自己多年來也都在思考這個問題。

有很長的一段時間，為了工作忙得不可開交，無法自己掌控時間。

本書就是從這樣的課題感中誕生。

在寫本書時，我調查過許多人與時間有關的煩惱，進而從中發現，這其實是再單純不過的一件事。

與時間有關的煩惱大致可分成三種。

可具體地總括成以下三類。

1「無法度過滿足的時間」的煩惱

2「忙到時間不夠」的煩惱

3「不知該怎麼選擇時間」的煩惱

如果試著將與時間有關的世界名言作一番整理後會發現，幾乎談的都是這三者當中的某一個。

剛才提到的「你是否懂得珍惜『時間』」，主要是屬於左圖①「無法度過滿足的時間」這種煩惱。

時間的煩惱大致分成三種！

① 無法度過滿足的時間

➡ 前往1、2、6章

② 忙到時間不夠

➡ 前往3、5章

③ 不知該怎麼選擇時間

➡ 前往4、7章

想傳達時間的價值

在此請容我自我介紹。

我叫柿內尚文，在出版社擔任編輯，多年來從事書籍和雜誌的編輯工作。拜此之賜，過去企劃過的書籍和MOOK累計銷量超過一千三百萬本。

此外，近年來也投入各種工作中，諸如內容行銷員、作家、在演講或講座中上臺演說等。

目前寫過《在麵包店賣飯糰》《請用100字表達香蕉的魅力》這兩本書。慶幸的是，許多人都看過這兩本書，使之成為暢銷書。

為什麼身為編輯的我，這次會想寫一本以時間為主題的書呢？原因就藏在「編輯」一詞當中。

聽到「編輯」這個字眼，各位會做怎樣的想像？

「編輯」一詞，有時也會在編輯書，或是製作電視節目等類似「製作」的印象下使用，不過，我給的定義如下。

所謂的「編輯」是（發現價值）×（磨練價值）×（傳達價值）

說起來，「創造價值」正是編輯的工作。

而採用編輯的這種技法，重新發現「時間的價值」，將它傳達出去，正是本書追求的目標。

就像我前面寫的，儘管明白時間很寶貴，但在生活中要一直意識到這件事並不容易，我們常會不自覺地忘記時間的價值。

就像科學家根據證據，統計學家根據統計數據一樣，身為編輯的我想採用編輯的技法，向各位傳達「時間的價值」。

過度忙碌會逐漸消除記憶

想傳達「時間的價值」這個動機，是出自我個人的真切感受。

當初我開始工作時（約一九九〇年代中期），加班到深夜是理所當然的事。巔峰時期，甚至接連三天都留在公司過夜。公司裡沒有浴室，所以我也常跑附近的澡堂。

有沒有休假也無所謂，我當時幾乎想二十四小時工作，不過當時並不引以為苦，工作成了我的生存價值。

像這樣工作了十多年，某天我突然發現。

「極度忙碌的時候，幾乎沒留下任何記憶」。

我並不是得了失憶症，似乎是因為太過忙碌，腦中的資訊處理速度跟不上，記憶無法留在腦中。

在工作上是有些不錯的成績，可是卻無法留下記憶……這樣不妙。再這樣下去，我將只會度過完全不留記憶的時間。

我抱持這樣的危機感，重新看待自己對時間的思考方式和使用方式。而多虧了改變對時間的思考方式和使用方式，我一直想做的事，這才得以實現。

我一邊在出版社工作，一邊執筆寫剛才介紹的書（這第三本書也是），展

開演講。

我原本寫文章的速度就慢，連我自己都覺得要寫出整本書實在不太可能，但最後我還是實現了寫書的夢想。

人生會因為你對時間的思考和使用方式而有很大的改變。我深切感受到這件事。

大前研一先生曾對「改變一個人的三個方法」作出以下的介紹（出自《時間與浪費的科學（暫譯）》）。

1 改變時間分配

2 改變居住的場所

3 改變來往的人

這當中，從今天開始就能做到的事，不就是「改變時間分配」嗎？
不管想做什麼，要是時間都處在排滿的狀態，就沒餘力可以安排了。
如果真的想做些什麼，必須空出時間來。

人生是「時間的累積」。
有意義地運用時間，就如同是有意義地度過人生。
提高自己所擁有的時間價值，過著有自己的風格，不會後悔的人生。

這本書若能為各位帶來助益，將是我最大的榮幸。

目次

第3章

將時間歸自己所有

第4章

時間有九成是選擇

第5章

人生是由擬訂的預定計畫組成

第6章

以專注力來增加時間

第7章

為什麼會發生「想做的事往後延」這種情形呢

最終章

如果這就是人生的最後

第1章

人生是由「四個時間」構成

第1章的重點

重點 1

人生的時間是由「四個時間」構成。

＿＿＿＿的時間　＿＿＿＿的時間

＿＿＿＿的時間　＿＿＿＿的時間

重點 2

五種「感覺」創造出幸福的時間。

＿＿＿＿感　＿＿＿＿感　＿＿＿＿感

＿＿＿＿感　＿＿＿＿感

重點 3

光是製作出「時間的＿＿＿＿」，行動就會改變。

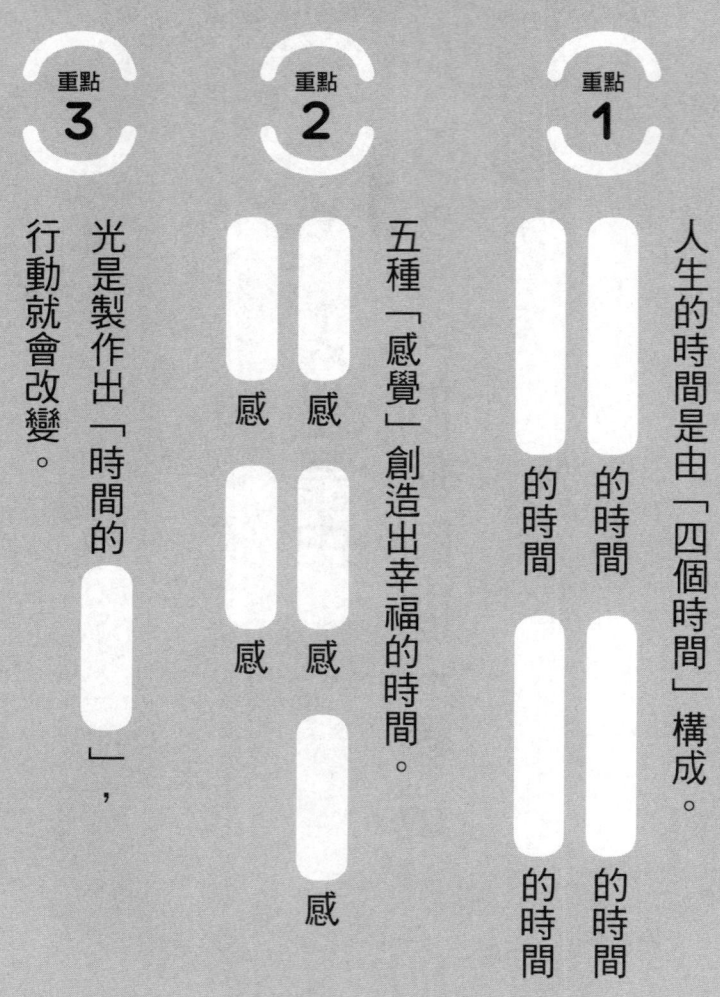

重點 4

就算每天都不是很特別，一樣可以打造出____的一天

重點 5

人只要處在____下，就很難注意到幸福的時間

重點 6

人生的「剩餘時間」與「剩餘時間____」完全不同。

※解答參見第315頁。

將「忙得不可開交的人」比喻成「滿出的鮭魚卵」

造成忙碌的元兇，是怎樣的時間？

「因為工作忙碌，削減了睡眠時間。」

「因為家事和工作難兼顧，而沒有自己的時間。」

「很想多做一點自己想做的事，但每天都被非做不可的事追著跑。」

深深覺得自己忙得時間不夠用的人非常多。

而實際根據某份調查指出，約有九成的社會人士覺得「時間不夠用」。許多人覺得自己因為工作、家事、育兒，而被時間追著跑，想要有更多的時間。

如果是工作，像工作量過多、人力不足，時間都被開會、討論、製作資料給綁住等等，是時間不夠用的原因。

而如果是家事，則往往是煮飯、打掃、燒洗澡水、洗衣、摺衣服。還得去超市採買、接孩子……

「啊～為什麼會這麼忙！」

也會讓人產生這樣的感受。

覺得很忙的時間，都有某個共通點。

覺得很忙的這些時間，到底都是「怎樣的時間」呢？

那往往都是「非做不可的事」所屬的時間。

而用在**「非做不可的事」上頭的時間，許多都是「角色的時間」**。

不論是工作、家事，還是育兒，許多「非做不可的事」都是當事人所扮演的角色。非製作資料不可。非為家人做飯不可。非得教孩子讀書不可……說起來，這些事都算是「角色的時間」。

時間之所以不夠，許多都是因為「角色的時間」占去了太多時間。

此外，「非做不可的事」除了「角色」外，也有對未來「投資的時間」。

「現在為了考上大學而用功」、「為了提高業績而加班」等等，是投資的時間。**「投資的時間」也是造成時間不夠用的主要原因之一。**

而另一方面，像以下這種時候，會產生這樣的情感嗎？

「一整天都在看電視打混。啊～好忙的一天啊。」

蹉跎了一整天，應該不會覺得「好忙」對吧。

這種蹉跎的時間，說起來算是「浪費的時間」。

沒錯。對於「浪費的時間」，不會產生因為忙碌而時間不夠用的感覺，但「角色的時間」和「投資的時間」卻容易產生因為忙碌而時間不夠用的感覺。

時間「滿出」的狀態

這是壽司店很受歡迎的爆量鮭魚卵。
軍艦壽司上擺上滿滿的鮭魚卵。

你看了之後有什麼印象？

「好想吃啊！」
「多奢華的軍艦壽司啊！」

確實看起來很好吃對吧。

不過，有別於此，我眼中的爆量軍艦壽司是另一種感覺。
就像是忙到時間不夠用的人一樣。
每一顆鮭魚卵都是寫在待辦清單上的「非做不可的事」。至於海苔裡的部分，則是「擁有的時間」。

在擁有的時間裡承受不了非做不可的事，就此滿出。忙碌的人和滿出的鮭魚卵，一樣都是「沒有多餘的精力」。

附帶一提，如果是和時間搭配得上的待辦清單，應該是像左邊插圖那樣的感覺，鮭魚卵份量適中地鋪在海苔壽司上。

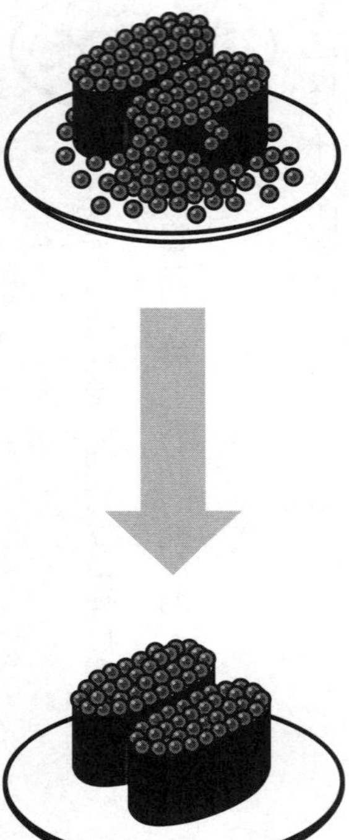

我們該追求的目標，是時間與要做的事剛好形成平衡的時間分配。實際上，

只要明白自己的時間該分配在哪些事情上，就能建立行動方針，知道該怎麼做。

為此，要知道我們的時間當中有哪些時間。

其實時間可分成「四種時間」。

人生只有「四種時間」

先從知道自己的時間分配開始

所有的時間可分成這四種。

1「幸福的時間」

2「投資的時間」

3「角色的時間」

4「浪費的時間」

就算我這樣說，大家可能一時之間還是無法明白。

舉例來說，請想像一下上班日早上的時間。

起床、洗臉、漱口、與家人談話、吃早餐、喝咖啡、上廁所、梳理頭髮、化妝、刮鬍子、挑衣服、穿衣服、看新聞、看社群網站……一早的例行程序選擇相當多樣。

從起床到出門的這段準備時間，要是分成四種時間，會是怎樣的情況呢？

從起床到出門的這段時間，算是什麼時間？

6：30	起床	
	洗臉	□的時間
	漱口	□的時間
6：50	與家人談話	□的時間
	吃早餐	□的時間
	喝咖啡	□的時間
7：20	上廁所	□的時間
	梳理頭髮	□的時間
	刮鬍子、化妝	□的時間
	挑衣服、穿衣服	□的時間
7：30	看新聞	□的時間
	看社群網站	□的時間
7：50	出發	

裡頭是填入何種時間呢？

例如「洗臉」的時間。這個時間對很多人來說，是讓自己清醒，或是清潔臉部的「角色的時間」。

不過，如果將洗臉改換成「喜悅」，則成了「**幸福的時間**」。

以前我曾經在一處四周被森林環繞的地方露營。早上起床，在流經露營地的清澈小河邊洗臉。

「**好舒服啊～**」我忍不住叫道。那是最棒的「幸福的時間」。

洗臉的時間究竟算是這四種時間的哪一種，並沒有固定。至於想讓洗臉歸屬於哪一種時間，可由自己的思考和行動來加以改變。

就算沒去露營，也能藉由改變意識來創造「幸福的時間」。

就舉洗臉的時候來說吧。在洗臉臺上準備多種芳香的肥皂或精油，試著以當天的心情來分開使用。這樣就能受香氣療癒，擁有好心情。

在這種感覺下，隨著你投注的心思，就像將「角色的時間」轉變成「幸福的時間」一樣，你所擁有的時間是怎樣的時間，時間的意義能加以改變。

喝咖啡的時候也一樣。如果就只是喝它來提神，那就是「角色的時間」，或者可能是無意識下度過的「浪費的時間」。

不過，準備多種不同的咖啡豆，每天都煮不同的咖啡豆，若覺得這樣太麻煩的人，可以準備各種不同的咖啡杯，配合心情來挑選使用。

有些咖啡店也會讓客人挑選咖啡杯，挑選的樂趣會讓喝咖啡的時間變成「幸福的時間」。

如果覺得做到這種程度太麻煩，那也可以只專注在咖啡上。在煮咖啡、喝咖啡時，專注在香氣和味道上。光是這麼做，時間就一定會產生變化。

那麼，接下來就針對這四種時間作具體的說明。

「幸福的時間」是做自己想做的事、能獲得喜悅的事，而感到幸福的時間。

「投資的時間」是為了目的而努力的時間。

「角色的時間」是有事非做不可的時間。

「浪費的時間」是無意識下度過覺得浪費的時間。

話雖如此，也會有無法完全區分開來的時間。有「投資」和「幸福」兩者皆有的時間，也有「角色」和「幸福」兩者皆有的時間。

這四種時間要如何分配，選擇會因人而異。

例如像第42頁表格中的A先生和B先生的案例。對同樣的行動，時間的分配完全不同。時間具有怎樣的意義，它的價值也會隨之改變。

1「幸福的時間」

▷ 做自己想要做的事、能獲得喜悅的事這段時間。行為本身是能感到幸福或喜悅的時間。

2「投資的時間」

▷ 為了目的而努力的時間。用來達成目的的過程時間。

3「角色的時間」

▷ 有事非做不可的時間。像家事、雜務、工作等等，做為自己扮演的角色，勢必得花費的時間、為了生活而行動的時間。

4「浪費的時間」

▷ 無意識下度過的時間、會不自覺去做，覺得浪費的時間。想做的事或該做的事都無法做的時間。

雖是同樣的時間，但時間的意義卻不同

A先生與B先生的「時間分配」	A先生的情況	B先生的情況
睡眠	角色的時間—有非睡不可的義務感	投資與幸福的時間—深切感受到一夜好眠的喜悅＋考慮到明天工作效率的睡眠
通勤時間	浪費的時間—在電車內用手機看影片、發呆	投資的時間—在電車裡為了資格考而K書
在公司閒聊	角色的時間—很用心與周遭人對話	幸福的時間—與同伴聊天，從中感受到喜悅
討論計畫	角色的時間—工作上需要的事	角色與幸福的時間—同時間進行工作中該做的事與想做的事
例行會議	角色的時間—按規定，有出席的義務	角色與投資的時間—在非參加不可的會議中暗中做自己的事
向上司報告	角色的時間—上司提出的要求	角色與投資的時間—也能充當簡潔易懂地向人傳達想法的訓練
製作資料	角色的時間—因為受委託才做	角色與投資的時間—有助於自己成長的資料製作
擬訂新企劃	角色的時間—非得提出企劃不可，所以才做	幸福的時間—思考新的點子，感到喜悅
午餐	角色的時間—為了補充營養而用餐	幸福的時間—吃喜歡的東西，感到喜悅
休息時間	浪費的時間—習慣性抽菸	幸福的時間—抽菸時，留意讓自己放鬆
費用報銷	角色的時間—非做不可，所以才做	角色與幸福的時間—採「一心二用」，一邊核算，一邊樂在其中
酒局	角色的時間—考量到周遭人的眼光，非去不可	幸福的時間—推掉不想去的酒局，只和想混熟的人一起參加酒局
晚餐	角色和浪費的時間—總會邊吃飯邊看電視	幸福的時間—吃喜歡的東西，感到喜悅
回家後洗澡	角色的時間—因為非保持清潔不可	幸福的時間—當作每天的放鬆時刻
回家後的小酌	角色的時間—工作模式歸零	幸福的時間—每天必喝的啤酒，是最幸福的時刻
每天的跑步	投資的時間—最近變胖了，所以是為瘦身而跑	幸福與投資的時間—抱持減肥的目的，同時真切感受到跑步的舒暢
看社群網站	浪費的時間—習慣性蹉跎	投資的時間—觀看能從中學習，有助於未來的報導
看影片	浪費的時間—睡前總習慣看個影片	投資的時間—觀看能從中學習，有助於未來的影片
看書	投資的時間—為了學習新事物	幸福的時間—閱讀喜歡的書，感到喜悅

比起特別的每一天，更該追求完美的一天

這四種時間，都需要分別「留意」它們的存在。舉例來說，如果想增加「幸福的時間」，就要「留意屬於幸福時間的事物」。人這種生物，在無意識下往往會沒察覺到「幸福」的存在。

世界知名的哲學家阿蘭（ÉMILE-AUGUSTE CHARTIER）就曾說過這麼一句話。

人「不是因為幸福才笑。是因為笑才幸福」。

如果不刻意創造「幸福的時間」，就難以產生幸福。**反過來看，要刻意創造出幸福的時間，也是有可能的事。**

就像面對咖啡的方式一樣，改變對時間的留意方式，我稱之為「研磨時間」。就算是同樣的時間，但隨著研磨時間的方式不同，對時間的感覺也會有很

大的變化。

例如你想過著珍惜每一天的生活時。

其實要是每天都能過得很特別就好了，但要過得特別可沒那麼簡單。

就算無法每天都過得很特別，但只要「研磨時間」，不就能以創造出完美的一天為目標嗎？

「特別的每一天」，要以非比尋常的時間為基礎。另一方面，「完美的一天」就算是以平常的時間為基礎，同樣也能創造。要研磨平常的各種時間，從中感覺出喜悅或幸福，這會促成完美的一天（就算這天不完美，但至少會是自己感到滿足的一天，這是它的含意，所以與「完美主義」不同）。

比起特別的每一天，更該追求完美的一天。

只要這麼想，從今天起就有你能做的事。

研磨時間的方法之一，就是試著改變觀點。

有一部平淡地描寫平凡日常生活的電影。劇中沒發生任何重大的事件，日升日落，接著又是另一天的開始。雖是描寫這樣的日常生活，但看了這部作品，會湧現一種幸福的感覺。

雖然平凡，卻很用心在生活。以當事人的立場來看，或許會覺得膩，但是從電影的觀眾這種**第三者的角度來看，卻是充滿幸福感的時間**。

要將這種感覺帶進自己的日常生活中。

要是以第三者的觀點看自己喝咖啡的畫面，對方不知道會不會覺得幸福。

如果留意這點，應該就會發現，其實有許多幸福的種子落在平日的生活中。

光是製作「時間分配」，行動便會因此改變的理由

讓自己的時間分配可視化

為了了解自己的時間是如何構成，我希望各位製作一份「時間分配表」（PORTFOLIO）。

所謂的PORTFOLIO，在金融業界是指「資產分配」的意思，而「時間的PORTFOLIO」，意指「自己的時間分配」。換句話說，就是這四種時間（幸福、投資、角色、浪費）該如何分配。

「忙到總是被時間追著跑」的人，其時間分配會以「角色的時間」居多，應該是這種感覺吧。

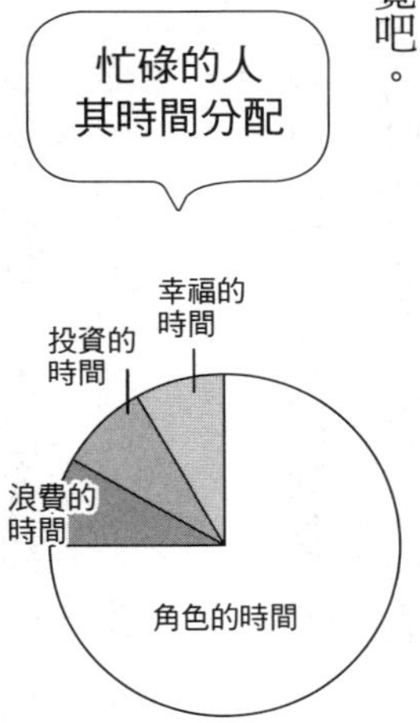

另一方面，「總是忍不住蹉跎時間」的人，其時間分配則是像這種感覺，「浪費的時間」相當多。

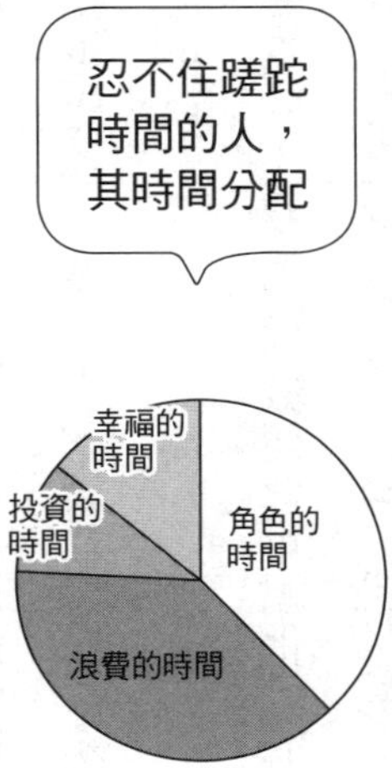

像這樣將時間分配作成圓餅圖後，自己的時間是怎樣度過，會就此「可視化」。可視化是很重要的一環。因為現實與自己所想的有落差，這是常有的事。

每天站上體重計，體重的增減便會可視化，能正確掌握自己的體重。但要是不站上體重計，有可能體重的增加超乎你的想像。

這是因為成見作祟，「我應該不算胖」、「這樣應該不會造成體重的變化」，用自己心中的願望扭曲事實。

如果同樣是像這樣在過日子，自己究竟被「角色的時間」和「浪費的時間」占去多少比重，會變得模糊不明。因此，有必要製作時間分配圖，知道自己的理想與現實的落差。

那麼，接下來請寫下自己理想的時間分配。

想度過「幸福的時間」居多的人生。為了有所成長，想擁有足夠的「投資的時間」。如果你有這樣的想法，應該會是「幸福的時間」和「投資的時間」偏多的這種分配。

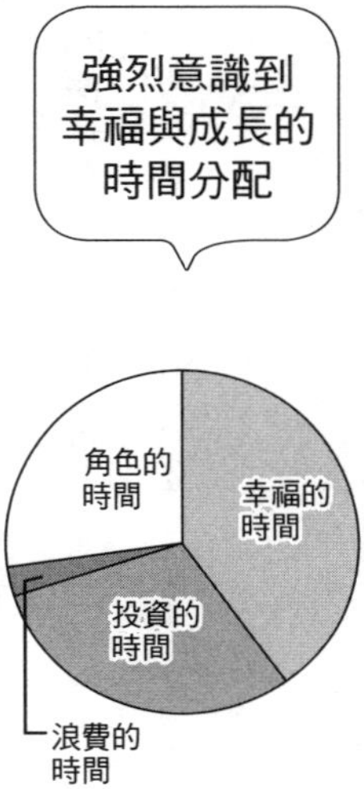

只要明白理想的時間分配，再來就只剩思考如何彌補理想與現實的落差。如果將理想的分配可視化，注意力就容易擺在上頭，最後行動應該也會朝理想靠近。請寫下時間的分配，讓自己的時間分配可視化。

要吃布丁，還是忍住不吃，如何消除這樣的迷惘

決定自己時間的「選擇標準」

留意這四種時間後，時間的選擇方式便會改變。

在此想以「前言」提到的布丁為例，重新展開思考。

他走進咖啡廳時，看到菜單上寫著「傳統布丁」。

「口感較硬的傳統布丁，我最喜歡了。」

最近的布丁大多是入口即化的類型，而喜歡偏硬口感的他，猶豫該不該點布丁。

「剛好有點小餓，這布丁應該很好吃。好想吃……」

傳統布丁

他心裡如此喊道。

而另一方面，又有另一種心聲。

「我不是三天前才剛開始減肥嗎。我不是在心中立誓，這次一定要減肥成功嗎！這時候得忍住。」

「在這裡吃布丁的話，一定很幸福」的心情，與「我目前正在減肥，得忍住」的心情。

這兩種情感就像天使與惡魔般，在心中糾葛。

如果是你，會怎麼選擇？

「現在先吃布丁，之後再調整其他飲食就行了。」

「想吃什麼就吃，用運動去補回來就行了。」

或許有人會這麼想，但這並不容易，所以才煩惱。

因為非減肥不可的原因，也許就是「管不住嘴，運動也沒辦法堅持」。

在此要探討的主題不是減肥，而是「時間的選擇」。

選擇吃布丁

↓想幸福地度過眼前的時間！選擇幸福的時間

選擇忍住不吃布丁

↓想達成目標（減肥）！選擇投資的時間

選擇眼前的幸福，能得到「幸福的時間」。

幸福或許有點抽象，但這五種「感覺」是促成幸福的要素。

①滿足感 ②充實感 ③達成感 ④快感 ⑤平靜感

另一方面，為了達成未來的目標，選擇的是「投資的時間」。

以達成自己未來想完成的目標（例如想通過考試、想達成目標業績、想瘦三公斤等等）作為第一要務的選擇。

如果是選擇吃布丁的情況。

在那個當下或許是「幸福的時間」。但之後可能會嫌棄自己。

「我的意志竟然如此薄弱，所以才瘦不下來……」

選擇
「投資的時間」

能得到

- 未來的滿足感
- 未來的充實感
- 未來的達成感
- 未來的快感

選擇
「幸福的時間」

能得到

- 滿足感
- 充實感
- 達成感
- 快感
- 平靜感

如果以瘦下來的目標作為第一優先，這時候就要忍耐。

但往往人們都無法作出正確的選擇，而且連什麼才是正確也不知道。「絕對的標準答案」也許根本不存在。

就只有「**當下自己的選擇**」。這不只限於減肥。

是要選擇「當下」幸福的時間，還是為「未來」投資的時間？

為時間的選擇拿不定主意時，要試著思考四種時間。

「最近全都是角色的時間，無法照自己的意思取得幸福的時間。」

「最近為了取得資格，增加了念書的時間，所以全是投資的時間，幸福的時間好少。」

如果會這麼想，有可能這時候就會選擇幸福的時間。

也就是吃布丁。

如果都是「角色的時間」或「投資的時間」，有時會壓得人喘不過氣來。

也會有想讓人生充滿更多幸福的念頭。

另一方面，像這種時候或許忍住不吃布丁會比較好。

「最近已得到許多幸福的時間，過著很滿足的日子。」

要一面思考四種時間的分配，一面朝自己追求的理想時間分配靠近，為此展開行動。藉由這麼做，時間的選擇能力也會逐漸提升。

五十歲的人所剩下的時間，感覺只有「十五年」？

一年的「感覺時間」有多少？

「人生比自己所想像的還要短」

許多前人說過這句話。

我現在五十多歲，過往的人生一眨眼就過去了，快到令人難以置信。

一年的時間，感覺像只有六個月。有句話叫「DOG YEARS」，以狗的成長速度當比喻，而人們的印象所產生的時間感「IMPRESSION YEAR」，也很有速度感。

時間流逝的感覺，會隨著年齡增長而變得愈來愈快。據說人們有一種特質，會對第一次的經驗特別有印象。之所以清楚記得以前的事，也是這個原因。

此外，習慣的事或例行公事，體感時間會變短。據說看手機或上網，體感時間也會變短。

根據這種「IMPRESSION YEAR」（印象時間）來思考，我們剩餘的人生，也許感覺起來只有實際的一半，或者更短。

舉例來說，一個五十歲的人如果活到八十歲，實際時間是三十年，但印象時間只有十五年。

做事拖拖拉拉，實在很浪費時間。有想做的事就該做，一直忍著不做的事，最好還是放手去做。

史蒂夫．賈伯斯說過這麼一句話。

「你的時間有限，所以別浪費時間為別人而活。」（賈伯斯留下許多不錯的名言）

有一句話讓我明白時間比我所想的還要少。

「假設父母現在六十歲……二十年（父母剩餘的壽命）×六天（一年中見面的天數）×十一小時（一天內相處的時間）＝一三二〇小時。換句話說，你能和父母一起過的日子，只剩下五十五天！」

這是《別以為還有20年，你跟父母相處的時間其實只剩下55天》這本書的書腰宣傳文字。

像這樣轉化成數字後，便能重新體認到時間有限。

不要事後才後悔。在一切都來不及之前，認真地看待時間，希望自己想要的時間能愈來愈多。

時間會以
驚人的速度飛逝

第2章

人生的目的是增加「幸福的時間」

重點 1

幸福的時間是三兄弟。

＿＿類的幸福時間

＿＿類的幸福時間

＿＿類的幸福時間

重點 2

用來改變自己的時間＿＿法則。

重點 3

改變＿＿後，就能減少不擅長處理的時間。

重點 4

想要增加幸福的時間，就得創造出＿＿的循環。

重點 5

擁有＿＿的觀點，時間的價值會隨之改變。

重點 6

除了消費、投資、浪費外，第四種金錢的用法——＿＿費。

※解答參見第316頁。

人生的目的是增加「幸福的時間」

一直忍耐，就此走完人生，太可惜了

據說日本人在臨終時，是財產最多的時候。

而在實際的調查中，也有資料暗示有這種情形存在。六、七十歲的年齡層擁有過人的金融資產（根據日銀金融宣傳中央委員會調查的「與家庭經濟金融行動有關的輿論調查」〔2022年〕）。

也許是對未來的不安造成這種現象，但有想做的事一直忍著不做，把錢都存下來，一輩子就這樣結束，真的很可惜。

我有位朋友中年離婚。

她六十多歲決定離婚。經詢問原因後，她告訴我：

「我過去的人生，一直都是以扮演好妻子、母親當作第一要務，但我的內心一直有個大洞。想到我人生剩餘的時間，便覺得不能再繼續這樣下去。我想多為自己的幸福展開一些行動。過去我都是看丈夫的臉色在過日子，但後來我覺得那樣的時光太糟蹋了，所以選擇離婚。今後我要放手去做自己想做的事。」

她這番話，是典型的中年離婚的原因之一。

停止過去時間分配以「角色的時間」為主的人生，今後想打造出以「幸福的時間」為主的時間分配。這樣的想法令她做出離婚的決定。

她試著詢問孩子對她離婚的看法，結果孩子們也都贊成。

「孩子對我說『媽，妳應該過妳想過的生活』。當我聽到孩子說『因為那是媽媽妳的人生』時，淚水奪眶而出。」

在本書的「前言」提到，時間很重要，但人們不懂得珍惜。要珍惜時間的最好辦法，不就是增加「幸福的時間」嗎？

人生中最該重視的，就是增加「幸福的時間」。我是這麼認為。

不過，希望各位別誤會，所謂「幸福的時間」並非只是一味做自己想做的事。**做讓人開心的事，也能算作是「幸福的時間」，朝未來努力的「投資的時間」，也能算作是「幸福的時間」**。

重點在於對這樣的時間，「自己賦予它怎樣的意義」。

隨著你賦予意義的方式，也能將「角色的時間」、「投資的時間」、「浪費的時間」轉化成「幸福的時間」。

幸福的時間是「三兄弟」

所謂幸福的時間，是怎樣的時間？

在人生中增加「幸福的時間」，這是本書的主題之一。

重新思考會產生一個問題，「幸福的時間」究竟是怎樣的時間呢？

你最近覺得「幸福的時間」，是怎樣的時間？

請試著在腦中回想。

和喜歡的人共度的時間
吃美食的時間
工作上展現成果時
和朋友大談戀愛話題時
看到盛開的櫻花時
能盡情睡覺時
能挑戰自己想做的事情時

「幸福的時間」在第53頁已介紹過，是具有「五種感覺」（滿足感、充實感、達成感、快感、平靜感）的時間，但也能從別的觀點來看。

舉例來說，如果從腦內物質的觀點整理，可分成以下三種。

「多巴胺類幸福的時間」、「血清素類幸福的時間」、「催產素類幸福的時間」（出自《自造幸福：暢銷身心科醫師作家，教你三步驟具體實現身心健康、關係和諧、財富成功的最佳人生》）。這三者包含剛才提到的所有「五種感覺」。

這三者可說是「幸福三兄弟」。

◆長男 多巴胺類幸福的時間

多巴胺是做快樂的事或達成目標時，會分泌的腦內物質。又稱作快樂物質。

聽到喜歡的音樂時、受人誇獎時、享受美食時、工作成功時、完成某項目標時，就會分泌。

這會促成「快感」、「達成感」、「滿足感」、「充實感」等情感。

✦次男　血清素類幸福的時間

血清素是具有穩定精神功能的荷爾蒙，會消除人們的不安。一旦血清素不足，就會焦躁不安。如果泡溫泉、跑步，轉為放鬆的心情，就會分泌血清素。

這會促成「平靜感」、「滿足感」、「充實感」等情感。

✦三男　催產素類幸福的時間

催產素和信賴關係也有關聯，是藉由身體接觸和按摩等而分泌的物質。

這會促成「平靜感」、「滿足感」等情感。

這三種時間全都會促成「幸福的時間」。

有人說多巴胺更容易得到幸福感，或是催產素更有感覺等，這都因人而異。

只要先了解自己什麼時間比較容易得到幸福感就行了。

知道適合自己的幸福感，會促成「幸福的時間」增加。

以「時間複利的法則」來改變時間的價值

以非做不可的事優先的人

會將幸福往後延的人，其特徵之一，就是「非做不可的事」會比「想做的事」先處理。

如果是上班族，在組織或團隊中有其擔任的角色，也會有受上司或部下請託辦理的工作。如果是家事，像打掃和洗衣就非做不可。

必須用在「非做不可的事」上頭的時間，在人生當中占有很高的比重。尤其是認真的人，這樣的傾向可能特別強。

像這種時候，請務必要學會一種想法。

那就是將「非做不可的事」轉換成「想做的事」這種想法。

只要能做到這點，「非做不可的事」就會轉換成「幸福的時間」。做自己「想做的事」，很幸福對吧。

到時候這種想法會帶來啟發。

「不是因為做某件事，得到別人的誇獎，以此當作成果，而是做這件事本身就是誇獎。」

因為想上好的大學，所以努力準備入學考。

因為想提高業績，所以努力工作。

因為想在大賽中奪冠，所以努力練習。

為了達成目的或目標而努力。將時間用在這上面。這是「投資的時間」。

有時會忍耐，儘管很痛苦，還是持續努力，有這種經驗的人相當多。我自己也是。

不過，某天我發現一件事。

當我達成某個目標，當時擁有達成感和喜悅，但這種情感並未持續太久，我很快又產生「我得再繼續達成下個目標才行」這樣的想法。

在工作上，儘管推出了暢銷書，但還是得繼續再推出暢銷書才行。

這麼一來，**達成感和喜悅不就只是短暫的瞬間，永遠都在展開沒有終點的追逐嗎？**

努力達成目標真的算是幸福嗎？自從我意識到這點後，想法便有了很大的改變。

我決定盡可能將時間分配給做起來覺得快樂、高興、幸福的事情。

當然了，話雖如此，我並未因此放棄「非做不可的事」。

我開始思考，能否將「非做不可的事」轉換成「做了會覺得快樂的事」。

光是想到能否加以轉換，對時間的掌控方式便產生很大的改變。我明顯增加了許多「幸福的時間」。

一整天全是角色的時間

短時間準備一下便出門，
連一分鐘都沒浪費

到車站前的這段路，
一味地快走

一整天都能取得角色與幸福的時間平衡

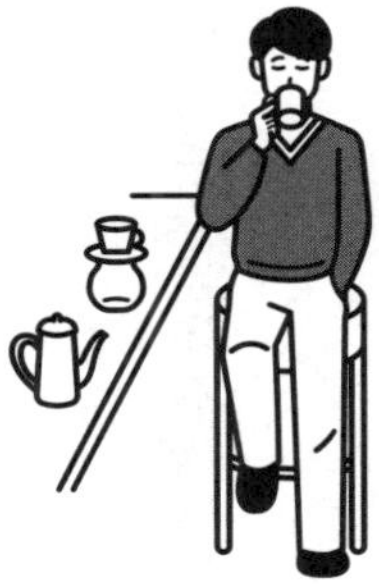

煮咖啡從磨豆做起，
細細品味後才出門

一面觀察季節的變化，
一面快走

變換目的後，時間的價值也隨之變化

要一口氣將「非做不可的事」變換成「想做的事」，或許不容易，但慢慢變化是有可能的。

那就是**每天做個「小變化」**。

持續這樣的小變化，我稱之為「時間複利法則」。

所謂的「複利」，是在投資或存款方面會使用的用語，是將投資獲得的利息納入本金裡的一種計算方法。因為加上利息，投資的金額增加，在同樣的利率下獲利時，金額會愈來愈大。

而我們在改變自己時，也可說是同樣的情況。

由於是以「原本的自己＋變化後的自己」為主，所以變化的程度也會愈來愈大。

舉例來說，原本是因為想做而做的工作，後來漸漸變得只因為有一份義務感而做的這種情況。

不妨試著從現在的工作中找出「能感興趣的部分」、「可能會覺得有趣的部分」、「喜歡的部分」，就算一天只有十分鐘也好，以「快樂」、「有趣」、「感興趣」的意識，將這段時間納入工作中。

然後慢慢將這十分鐘擴充成二十分鐘。或是多次進行這十分鐘。就算一樣維持十分鐘也沒關係。

就像這樣，**每天創造出「小變化的時間」，一再累積這個時間，逐漸促成「大變化」**。

這就是「時間複利法則」。

為了創造出小變化，**刻意變換目的**也很有用。

我也曾因為變換目的，而引發小變化，就此克服自己視為畏途的事。

以前我一直都視工作的聚餐為畏途。因為我將聚餐看作是「工作的手段」。

為了工作而想接近那個人。為了這個目的而一起去用餐。

當我抱持這種想法時，聚餐成了無法樂在其中的時間。不管吃再可口的大餐，一樣食不知味。

我想改變這樣的狀況，因而從某天開始改變聚餐的目的。

我決定不把聚餐當作是工作的手段（投資的時間），而是當作用來與對方拉近關係的「幸福的時間」。

我下定決心，要讓它成為拉近關係、享受美食的快樂時間。

如此一來，聚餐的時間價值便慢慢起了變化。原本一直都覺得難受、辛苦的時間，漸漸開始覺得「這部分挺快樂的」、「在這一點上，我學到不少」，而現在，它已脫胎換骨，變成快樂又幸福的時間。並非對方改變，而是我改變自己的想法，時間的價值就起了很大的變化。

原本不擅長的「閒聊」，也因為變換目的而克服了。

在為工作討論前的閒聊，以前我都認為那是「用來順利推動討論的破冰行動」，並將它設定為「投資的時間」，但當時我很不擅長與人閒聊。

不過，自從我改變目的，將閒聊看作是「用來與對方拉近關係的時間」後，閒聊一下子變得快樂多了，就此成了「幸福的時間」。因為變得快樂，閒聊的時間也就不自主地拉長了。

要改變時間的目的，就算每次只有一點點也無妨，要持續變化下去。這就是讓「角色的時間」或「投資的時間」變化成「幸福的時間」的方法。

以喜悅的循環來增加「幸福的時間」

這是以前我採訪某位運動選手時發生的事。

我問他在比賽時腦中都想著什麼事，結果他回答我：

「為了讓球迷開心，我很努力比賽。」

當時這個回答讓我覺得不太對勁。

因為我心想，球迷開不開心，這跟看比賽的球迷們是什麼反應息息相關。

這不是選手本身能決定的事情，所以只要好好比賽，想著如何能贏球就行了，不是嗎？

我直接向那名選手提出我的想法。

結果他回答道：

「的確，能不能讓球迷開心，是球迷自己決定的事。但球迷們開心，就是我最大的喜悅。球迷的笑容，就是我的幸福。真要說的話，為了讓我自己幸福，我希望球迷開心。」

有句話叫「善心不是為了別人」。

這句話有兩個解讀的含意。一是「繞了一大圈，最後會回報到自己身上」的意思。二是「不是為了求回報而施予善心，是為了自己而施予」的意思。不管是哪種含意，雖然是施予人善心，但最後都會為自己帶來好處。

喜悅的施予也很類似。

「讓人開心，自己也開心」

這是讓人創造出「幸福的時間」的提示。

要將「非做不可的事」改變成「幸福的時間」，還有另一個方法，那就是**擁有「讓某人開心」的觀點**。

做菜是麻煩事，但因為想看家人開心的表情，所以才下廚。

雖然不想做這項事務性工作，但為了讓請我幫忙的同事開心，我願意做。

覺得「是為某人而做」時，人們會充滿幹勁，產生想要好好努力的心情。人腦就是這樣的結構。

到頭來，「為了某人好」，其實也是為自己好。

在電車上讓位，據說讓位的人獲得的幸福度比接受讓位的人還高。做了好事，對自己而言也是好事一樁。

不過，這時候我想提醒的是，別要求對方回報。讓對方開心，如果要求回報，當對方沒回報時，就會感到煩躁，心裡有疙瘩，這樣就不再是「幸福的時間」。

為了提升自己的幸福度，應該要「只求對方開心」、「只求施予」。

另一方面，如果自己成了「受的一方」，這時如果明確傳達「謝謝！」、「我很開心！」的情感，對方應該也會很高興。產生這種「喜悅的循環」後，彼此時間的價值將就此提升。

「為了某人好才這麼做」、「不求回報」、「因為別人為我這麼做而高興」

這就是將「非做不可的事」變換成「想做的事」的祕訣之一。

試著以無人機的觀點，從高處看時間

思考能否將時間「遊戲化」

「時間遊戲化」也是增加「幸福的時間」的方法之一。

有個名稱叫「HOMO LUDENS」。

這是荷蘭的歷史學家赫伊津哈（JOHAN HUIZINGA）於一九三八年提倡的想法，HOMO LUDENS是「遊戲人」的意思。

我們人原本是HOMO LUDENS，也就是以玩樂為主的存在。

要是不工作，老是玩樂，別人可能會對你說「別再玩了，快去工作」，但

「遊戲」原本就是深植於人們體內的本能，是人的本質。會有想要玩樂的心，也是很自然的事。

在此，我想先對遊戲作個定義。所謂的遊戲

「不是生存所需的行為」
「不是什麼能派上用場的行為」
「是依自己的意志而做」
「是滿足心靈的自由行為」

大部分的動物，時間泰半都用在生存活動上。找尋食物、保護自己不受敵人攻擊，繁衍子孫。

另一方面，現代人則是忙著旅行、聚餐、享受娛樂。坦白說，就是撥很多時間在與生存活動無關的「遊戲的時間」上。

去迪士尼樂園或日本環球影城，便心情超嗨，看足球或棒球比賽就無比狂熱，身為HOMO LUDENS，這也是很理所當然的事。

將話題拉回時間。

由於我們人是HOMO LUDENS，所以只要融入遊戲的要素，應該就能增加幸福的時間。

為此，要試著思考能否將時間遊戲化。

例如工作的時間。工作就算再怎麼討厭，還是非做不可，主要是因為工作在生存活動（經濟活動）這方面占有較大的比重。

不過，既然要做，還是別做得心不甘情不願比較好。要怎麼做，才能讓工作遊戲化呢？

以無人機觀點來讓工作遊戲化

有個辦法叫做「無人機觀點」。

工作的機制其實和遊戲很類似。

為了抵達終點，過程中會一面前進，一面解決課題、打倒敵人、增加同伴。過程中每解決一個課題，就會讓自己更加成長。

工作和遊戲有許多共通點。

遊戲化的要訣，總之就是要提高觀點。我稱之為「無人機觀點」。

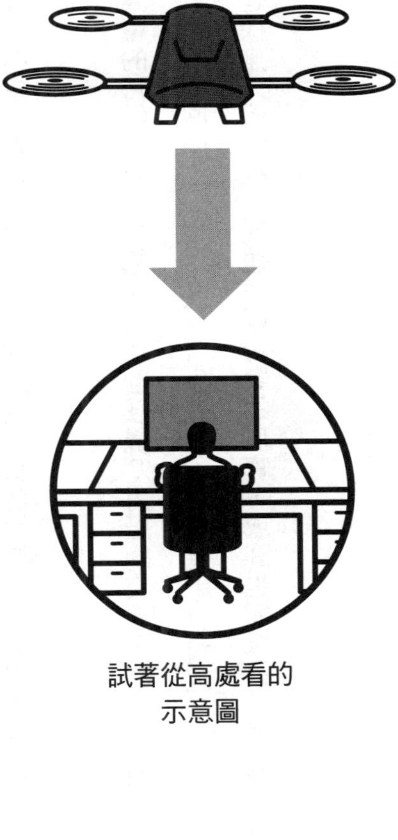

試著從高處看的
示意圖

你讓無人機飛到離地一百公尺高的高度，試著從無人機來想像自己工作的模樣。

一再累積的待辦清單，看起來有什麼感覺？討厭的交涉、問題的處理、與不擅長應付的人之間的人際關係，是不是看起來覺得很微不足道呢？

如果是採無人機觀點，就連情感紛亂的現實，或許也能以第三者般的觀點來看待。

喜劇之王查理・卓別林曾留下這麼一句名言。

「人生近看是悲劇，遠看是喜劇。」

這種遠看的方式，就是「無人機觀點」。

自己直接面對時，會被「不順利」、「討厭」、「不擅長」、「很辛苦」等負面情感支配的事，如果以第三者的身分來看，則往往能以「有趣」、「快樂」等正面情感來看待。

例如進行「製作企劃書」這樣的工作，一直想不出好點子時。

請採取無人機觀點，從離地一百公尺的高度俯瞰自己坐在辦公室的桌子前寫企劃書的模樣。

從離地一百公尺的觀點試著心想，如果這是遊戲的話，該如何操作「辦公室裡的自己」。

遊戲主角正是「辦公室裡的自己」。

操作自己的角色，找周遭工作能力強的人（角色）討論自己想不出點子的事，以獲得提示。

或是讓自己的角色去書店找尋點子的提示。

像這樣以客觀的觀點看自己，以遊戲的感覺來看待工作。

在工作上展開麻煩的交涉時，要讓目標明確，將交涉對象設定成「敵方角色」。而交涉是遊戲破關用的「難度」。

這就是工作的遊戲化。

工作無法轉換成「幸福的時間」所帶有的風險

對於這樣的想法，或許有人會抱持疑問。

「這理論我懂，但在感情上要這麼做有困難。說什麼要將工作遊戲化，這太難了。」

的確，雖然懂這套理論，但這並不是馬上就能辦到的事。懂得打擊的理論，馬上就能成為知名的強打者，世上沒這種事。

所以逐步實踐理論很重要。請一邊實踐，一邊累積這樣的「小變化」。

附帶一提，工作和遊戲之間之所以會產生情感上的差異，是因為有「風險的差異」。

要是工作不順利，就會影響到自己的經濟活動。評價下滑、給周遭人添麻煩。帶有這樣的風險。

而另一方面，遊戲只要一旦不玩，便就此結束。

但我有個想法。

要是因為太過在意風險，而將工作當作是「非做不可的事」，一直這樣持續下去的話……

如果認為「幸福的時間」在人生中很重要的話，若持續將工作當作是「非做不可的事」，有可能會就此成為人生的風險。

雖然風險的種類不同，但不管選擇哪一個，都一樣是風險。既然這樣，要選擇哪一個風險才不會後悔呢？

這樣的判斷或許會產生很大的分歧。

為了幸福而花錢，「幸費」的想法

閱讀和金錢有關的書，上面寫著這樣的內容。

金錢有三種用法。

分別是「消費」、「投資」、「浪費」。

減少浪費，轉為投資，這就是增加金錢的要訣。

不過，這當中遺漏了一個重要的觀點。那就是我前面提到的「幸福的時間」這種觀點。

那就是為了幸福而花錢的「幸費」想法。

例如「買了雖然有點貴，但很喜歡的紅酒所花的錢」，這感覺與消費和浪費不太一樣。

分成消費、投資、浪費這三者的想法，是站在「效率」和「生產性」的觀點，沒站在「幸福」的觀點。

為了增加金錢，這麼做或許沒錯，但如果要追求幸福，就必須加入幸福的觀點。

長時間持續的幸福，與不會長時間持續的幸福

我們試著以「幸費」的想法，重新來思考「什麼是幸福」吧。

根據研究幸福學的慶應義塾大學研究所教授前野隆司先生的說法，幸福可分成「長時間持續的幸福」與「不會長時間持續的幸福」。

「不會長時間持續的幸福」是藉由所得、資產、社會地位等地位財產所帶

來的幸福，透過與周遭人比較而得到滿足感。

儘管年收高、比別人更會賺錢，或許一時會覺得開心，但喜悅不會持續太久。

此外，轉眼就會消失，情緒性的幸福狀態（HAPPINESS），也是不會長時間持續的幸福。

像玩遊戲得到高分、看電視或影片發笑時產生的快樂情感、達成感、爽快感等等，當下會覺得幸福，但會隨著時間經過而淡化。

另一方面，「長時間持續的幸福」又是怎樣呢？

長時間持續的幸福稱作「WELL BEING」。這不是與他人比較後產生的幸福，是自己評價的幸福狀態。

例如能持續做自己想做的工作。與家人保有良好的關係。它指的就是這種幸福的狀態（出自《幸福的孤獨》）。

美國的心理學家馬丁・賽里格曼（MARTIN E. P. SELIGMAN）創立了「正向心理學」。他闡述持續性幸福的重要性，並說明這種幸福是由五種幸福構成（出自《幸福商業的教科書》）。

1 快樂、開心、感謝、充實感、感動
2 全心投入，忘了時間
3 良好的人際關係
4 人生的目的和意義
5 達成、成就某件事

據說擁有這五項要素，就是讓幸福得以持續的重點。

從這個研究成果可以看出，長時間持續的幸福，其重點在於「狀態」。不是短時間的單位，而是時間持續的「狀態」。

舉例來說，今天因為某個小原因，造成夫妻吵架。因為工作而被客戶嫌棄。挨上司罵。

就算發生這種討厭的事，但只要自己的基本狀態是處於「幸福狀態」，**這種討厭的情感就沒必要在意，可以看作是很快就會消失的事，不是嗎。**

討厭的情感持續留在腦中，原本只能短時間存在的「討厭之物」，在腦中一再反覆出現，要是就此變成「討厭的狀態」，那可就虧大了。

讓自己的基礎處在幸福狀態下，「討厭之物」就讓它過去吧。

只要了解自己是以幸福的狀態為基礎，不就能把討厭的事物看作只是轉瞬即逝的事，就此讓它過去嗎。

「討厭之物」就讓它過去！

Column

以想做的事當工作，會幸福嗎？

我很支持某個足球隊，一整年下來，在球場上看過很多場比賽。常有朋友看我這麼熱情支持，而問我「你何不試著從事和足球有關的工作呢」。

如果能為自己支持的球隊做些什麼，真的很棒。但我卻不想拿它當工作。

理由是這與「角色的時間」和「幸福的時間」有關係。

現在的我是以一名足球迷的身分，照自己的步調來支持球隊。因為覺得加油很快樂，所以才這麼做。**我做的事很快樂，算是「幸福的時間」**。

如果我以足球當工作，**從那一刻起，我便會開始意識到這是「為了達成目的的時間」**（角色的時間）。

舉例來說，要增加觀眾人數和收益，該怎麼做才好？目的會改變，將因此產生「非做不可的事」。

這是人們常討論的「該不該將想做的事當工作」這個主題所引發的問題。

能直接將想做的事當作「幸福的時間」的人，或許不會有迷惘。不過，開始當工作後，儘管一開始會因為「能做自己想做的事」而覺得幸福，但一直持續下去後，「非做不可的事」會增加，**「幸福的時間」就此逐漸變成「角色的時間」**。

當然了，就像本書所介紹的，或許能將「非做不可的事」再變回「想做的事」。

不過，選擇喜歡的事當工作有其風險，只要先有這樣的了解，自己的選擇基準就會變得更明確。

第3章

將時間歸自己所有

重點1

___會逐漸消去時間。

重點2

將___任務和___任務分開使用。

重點3

讓「時間的___轉換」成為人生的武器。

重點 4

以＿＿讓時間的價值可視化。

重點 5

將時間歸自己所有的技術
「化為以＿＿為主」

重點 6

將時間歸自己所有的技術
「＿＿化」與「終章化」。

※解答參見第316頁。

將單一任務和多樣任務分開使用

無意識會逐漸消去時間

這是我去讓人按摩時發生的事。

為我服務的按摩師很喜歡聊天。

「最近你有沒有看什麼有趣的電影？」

「我喜歡運動，最近看的棒球比賽……」

他一直和我聊，持續了一段愉快的對話。

而就在結束時。

「咦，完全沒感覺到按摩的舒服感，就這樣結束了。」

精神專注在按摩上，與一邊和按摩師聊天，一邊接受按摩，那種舒服的感覺截然不同。

不展開對話，集中精神在按摩上，較能感受那種舒服感。

在此要思考的是「感覺」。**感覺這種事很細膩。**

就舉喝紅酒的時候為例（威士忌和日本酒也一樣）。一邊和人講話，一邊無意識地喝著紅酒，與意識集中在舌頭，邊品嘗邊喝，紅酒的味道會截然不同。

時間的感覺也一樣。

如果是在無意識下，時間會不斷白白流逝。

無意識下的時間，或許也會有幸福感、滿足感、充實感，但卻沒注意到它的存在，就這樣白白流逝了。

為了避免這種情形發生，**必須要「練習不讓時間白白流逝」。**

雖說是練習，但它一點也不難。**只要別忘了將意識投向時間的「價值」上就行了。**

其要訣是停止多樣任務，留意單一任務。

多樣任務指的是同時進行多項作業，或是在短時間內一面切換多項作業，一面同時進行。

而單一任務，則是集中在一件事上進行作業。

邊聊天邊接受按摩，說起來就像多樣任務。意識會分散，感覺也會變淡。

邊看手機邊用餐，會不容易嚐出味道對吧。

邊看電視邊讀書，會無法順利記在腦中對吧。

因為全部都是多樣任務。

在單一任務下，將意識投向現在正在做的事情上。這就是提高時間感覺的練習。

人腦原本就不是用來進行多樣任務。它適合單一任務。

不過，單一任務有其弱點。那就是會「膩」。

要始終都進行單一任務，很需要力量。

據說人們能持續專注的時間只有十五分鐘左右，而如果是單一任務，或許很快就會膩了。像這種時候，請進行「任務切換」。

基本上是執行單一任務。但要是覺得膩、覺得無趣時，就刻意轉化成多樣任務。

藉由巧妙分開使用單一任務和多樣任務，更能提高時間的價值。

情感的紛亂會奪走時間

「人類最大的罪，就是不快樂」

這是歌德的名言。

不快樂會奪走時間。

理由很清楚。因為不快樂的時間對自己來說，是幸福度低而且討厭的時間。

此外，不快樂會感染周遭。如此一來，連周遭人的時間也一併奪走，所以或許就像歌德說的，不快樂是一種罪。

除了不快樂外，**情感的紛亂是時間的大敵**。

不安、擔心、不滿、不悅、憤怒、執著、焦急……每個情感都會奪走你的時間。

眼前僅只一次的時間，全被不安或擔心的事給占滿，這樣實在太可惜了。

負面的情感原本是為了保護生命，有其必要，所以才存在。算是生存活動的一種。

因此，要是沒刻意面對它，它很難消除。

要消除負面情感並非易事。**光是意識到「情感的紛亂會奪走自己的時間」，對情感的看待方式應該就會逐漸改變**。

請多多留意練習。

時間的「含意轉換」會成為人生的武器

白白浪費時間的人，令人遺憾的毛病

日本職業足球聯賽的球場，有的位於交通不便的地點。

有時看完比賽後，等公車就花了一個小時。

但這不算什麼。

因為我喜歡足球，過去到過許多球場看球賽。時常花一個小時的時間等公車，但愈是這樣的時間，愈會牢牢記在腦中，成了「回憶的時間」。

另一方面，如果順利返家時，則幾乎都不記得。

其中一個原因是因為平時沒空花一個小時的時間等公車，所以等公車變得很不尋常，很容易留在記憶中。

另一個原因，是因為我和那個時間一起同行的朋友回顧比賽，所以「等候時間＝無聊的時間」，**轉變成「等候時間＝在不尋常的場面下快樂聊天的時間」**。

一個人的時候，也是一邊等公車，一邊在腦中回想當天的比賽。這種時間是至高無上的幸福。

等公車的時間是痛苦，還是幸福的時間呢？

重點在於**「時間的含意轉換」**。

「含意轉換」在這本書中會一再出現，不過，因為這點很重要，我會反覆一再強調。

時間本身並沒有「浪費的時間」和「沒浪費的時間」之分。時間不會貼上標籤。

會覺得這段時間浪費，或是覺得沒浪費，都在於你自己的一念之間。

「將原本覺得浪費的時間，轉換成沒浪費的時間」，這麼一來，時間的價值將會有很大的變化。

以「放寬常識的限制」來為時間掌舵

我有位朋友說「我討厭在醫院候診的時間，所以很不想去醫院」。

的確，視醫院而定，為了短時間的求診，卻得花上四～五個小時的時間，確實有這種情形。

如果一味痴痴地等，這段時間會很痛苦。就算一直看手機，可能中途也會看膩。

如果等候時間會很長的話，我都會做好「準備」才去醫院。

✦為了上醫院所做的「準備」

- 在保溫瓶裡裝咖啡帶去
- 搭配咖啡，也一併準備甜點
- 帶上筆電，事先做好工作的準備
- 工作累了，要有書能看，做好這樣的準備
- 為了能用手機看影片，也要一併準備好耳機

做好這樣的準備「前往」醫院後，那四～五小時的等候時間就能轉換成「充實的時間」（不知為何，這種時間下的專注力也很高）。

「時間的含意轉換」重點，不是交給別人去判斷，而是順著自己的希望和欲望，由自己來為時間掌舵。

花一個小時的時間等公車很痛苦。

在醫院忍受長時間的等候。

這樣的想法其實不是自己的判斷，單純只是常識或自我以為。

不過，能巧妙為時間掌舵的人，則不會被這種常識或自我以為所拘束。說起來，他們很懂得「**放寬常識的限制**」。

只要試著稍微改變觀點，時間的價值就會有很大的改變。

不是配合狀況讓自己產生不愉快的念頭，只要能改變含意，採取不一樣的行動，讓它變成對自己有助益的時間，這樣就行了。

「通勤時間」是「電車辦公室」

時間的價值因命名而變化

在我的著作《請用100字表達香蕉的魅力》中，介紹了「命名的法則」這項「傳達」的技術。

所謂「命名的法則」，指的是命名後魅力提升，或是產生偏愛，就此創造出價值。

我常會遇見替車子取名的人。

「我會替車子取名，邊開車邊和車子對話。這麼一來，感覺車子就像變成朋友一樣。因為不能傷害朋友，所以開車也會更加謹慎。」

為事物命名後，其存在就會變得特別。

命名效果也顯現在其他事情上。其中一項是「**產生認知**」。

舉例來說，當工作上有什麼新發現時，我會為這樣的發現命名。

「**事實與心理的法則**」

「**錯開法**」

「**念珠聯想法**」

像這樣命名後，在工作上會頻頻遇見這些因為有趣而命名的事物。

這是因為在命名後，對此產生強烈的認知。

命名會產生認知的效果，所以持續使用這個名字，有時也會在無意識中產生「偏見」。

例如像「通勤電車」這樣的命名。

通勤電車是不是帶有一點負面印象呢？

在擁擠的電車裡，車內的氣氛很陰沉。雖然不想坐，但又沒辦法。

這也許是受到「通勤電車」這個命名的影響。

為了通勤而搭電車的時間，要是命名為「電車辦公室」，這樣感覺如何呢？這是我實際會做的命名方式。

不是稱搭電車的時間為「通勤用的時間」，而是將它改換成「工作用的時間」。只要像這樣命名，搭電車的時間就會有很大的改變。

電車辦公室對我來說，是能夠精神專注的好工作場所。

因為下車的站都固定，所以結束的時間很明確。通勤時的電車時間約五十分鐘左右，是很適合集中精神的時間。

在電車辦公室上，要決定好這個時間裡要做的工作，例如「寫事務性的郵件」、「想點子」、「看稿」等等。

在決定這天的工作待辦事項時，也要作個區分，例如「這項工作在電車辦公室上做」、「這項工作在辦公桌上做」等等，這樣就不會為了在那個時間下該做什麼好而猶豫不決（回家時的電車時間，我命名為「放鬆時間」，所以不會工作）。

不光是辦公室化，為了將電車時間變成更有價值的時間，例如「對自己有幫助的念書時間」、「徹底的愛好時間」等等，請巧妙地善用命名。

將浪費的時間從行程表中刪去的技巧

若能巧妙善用「含意的變換」，就能刪去自己覺得浪費的時間或討厭的時間。

例如覺得會議很浪費時間，但又非出席不可時。

為了消除浪費的想法，要準備幾個用來變換含意的觀點。

觀點1 在會議的內容下，找尋是否有自己覺得有價值的事物

在發送的資料中，有沒有能供工作參考的表現。如果是差強人意的內容，要試著思考，如果是自己的話，會怎樣製作這份資料。

此外，要觀察發言者作簡報的方式是否有可學習的地方，發現到的要素要先記錄下來。

這些資訊的累積，會成為日後的力量。

觀點2 就算是出席浪費時間的會議，也要找出能從中得到的對外價值

它的意思是展開能提高自己評價的行動。隨著看法的不同，或許會有令人反感之處，但會議會成為提升自己評價的場所。

就算是自己並非核心人物的會議，同樣也積極參與，這樣或許會給上司或

同事一種「這個人很有幹勁」、「他做什麼事都很全力以赴」的印象。

觀點3 將那段時間當作「替代時間」

在會議的時間找尋有可能「同時進行」的事。

也就是做別的事。如果能帶筆電參加會議，就會是容易做別的事的環境。不過，如果會讓人覺得你明顯是在做別的事，這樣你的評價可能會下滑，所以必須注意。

像這樣準備好幾個不同的觀點，展開「時間的含意轉換」，逐步提高時間的價值。就算是同樣的時間，也會變成完全不同的時間。

試著將時間的價值轉化為言語

泡澡的時間是怎樣的時間？

我問個問題。

「對你來說，泡澡的時間是怎樣的時間？」

「潔淨身體的時間」、「放鬆時刻」、「為了溫熱身體而浸泡的時間」……會出現各種不同的回答。

本章的主題，是提高時間的價值，不讓時間流逝。

想要提高時間的價值，就要減少在不自覺下度過的時間（無意識的時間），**清楚明白這些時間對自己來說有怎樣的價值**。

如果要針對泡澡的時間寫得更仔細一點，提問應該是「對你來說，『泡澡的時間價值』是什麼？」

以我的情況來說，我會做出下頁圖表中的七個回答。

我每天泡澡兩次。分別是早上和晚上。所以整天合計下來，約有一小時～一小時又十五分鐘的時間都在泡澡。

泡澡的時間價值（我個人的情況）

1 切換開關的時間
早上泡澡是用來開啟自律神經的交感神經開關。從睡眠模式切換至活動模式。
2 潔淨身體的時間
清洗身體和頭髮的時間。泡澡的一般時間價值。
3 思考的時間
泡澡的時間容易專注在思考上，可能也是因為血流速度帶來影響，容易想出點子。先決定主題，看要思考什麼內容，然後泡澡，在出浴時要馬上記下自己想到的事。
4 讀書的時間
在浴缸裡也能讀書。我在更衣處放了十本左右泡澡時看的書，從中挑選想看的書。
5 讓身體溫熱，改善手腳冰冷的時間
為了改善體質，而特別留意要溫熱身體。多虧一天兩次的泡澡，手腳冰冷的問題改善許多。
6 放鬆的時間
雖然也會思考和讀書，但有時也會用它當作放鬆的時間。做個深呼吸，讓心情放鬆。尤其是晚上，會特別留意消除疲勞。
7 面對自己的時間
有煩惱或課題時，會在泡澡時思考。雖然這與思考的時間重疊，不過在泡澡時思考的煩惱和課題不會變得負面，容易朝解決的方向浮現想法，所以也能當作刻意面對自己的時間。

我在平日的生活中，向來都很重視「泡澡的時間」。或許有人會覺得「講得也太誇張了」，但搬家時，我選新居的最大重點就是浴室。浴室的窗戶很大，從浴室也能看見天空和山林景致，可感受出季節與時間。

泡澡很重要的原因，是因為它對我來說，具有許多不同的時間價值。

用自己的方式明確寫出泡澡的時間價值，泡澡就此成為我很重要的行為。以前我只覺得「為了保持清潔，非泡澡不可」，所以這是很大的變化。

這可以套用在任何事情上。

當工作上展開新的計畫時，就要思考「這項計畫的時間價值是什麼」。思考在不經意下度過的「一家團圓的時間其時間價值為何」。

思考時間的價值，將它化為言語，時間的價值會就此更加提升。

將時間歸自己所有的技術①「化為以自己為主」

對上司指派的工作進行含意轉換

要是對電車上的漏音感到煩躁，該怎麼做才好

在此提個問題。與搭電車時有關。

你身旁有個大聲放音樂的人，音樂從耳機向外漏音。因為很吵鬧，你覺得很不舒服。像這種時候，你會怎麼做？

偶爾就是會有這種漏音的人。我想，周遭人也同樣會覺得不舒服。造成漏音的人，只會想到自己。

如果以時間當主軸來看，這種給眾人帶來困擾的人，純粹是以自己的觀點來行動，所以是活在「以自己為主的時間」裡。

而另一方面，覺得很不舒服的周遭人，因為這位造成漏音的人，而處在自己的時間遭他人侵蝕的狀態下。也就是處在「以對方為主的時間」裡。

在此，要先重新定義「以自己為主的時間」與「以對方為主的時間」。

「以自己為主的時間」▽以自己為軸心展開行動的時間
「以對方為主的時間」▽被他人侵蝕的時間

如果想要提高時間的價值，如何減少「以對方為主的時間」，增加「以自己為主的時間」，這點很重要。

當然了，雖說以自己為主的時間很重要，但音樂放得很大聲，以漏音來侵蝕他人的時間，這是很沒禮貌的行為。

對於剛才的提問，在此介紹我的回答。

在電車上遇到漏音的情況時，如果在下一站移往隔壁車廂，就能重拾以自己為主的時間。

如果勉強坐在原本的車廂裡忍耐，在聽到漏音的這段時間裡，都非得度過「以對方為主的時間」，會很痛苦。

此外，當時感覺到的煩躁，或許會一直影響你當天的心情。

像這種時候，我會自己也戴上耳機聽音樂，或是看影片。這麼一來，就不會去在意隔壁的事了。

要像這樣逐漸取回以自己為主的時間。

例如在工作上發生像「我不想做，但上司強迫我做」的這種業務上的困擾時。如果一直被「我不想做」的這種情感支配，心思都朝向他人，會逐漸變成「以對方為主的時間」。對自己而言，那是時間價值很低的狀態。

自己的時間，是歸自己所有。

因此，如果「以自己為主」來面對時間，就能創造出對自己有價值的時間。

遇上討厭的事情時如何面對，會改變你的人生。

舉例來說，對於上司強迫你做的工作，要在自己心中改變它的意義，試著思考能否將它「化為以自己為主」。

上司強迫你做某項工作
↓再這樣下去，會變成以對方為主
↓將它的含意改變成對自己有價值的事，例如「能提升技能」、「公司對我的評價提升」
↓化為以自己為主

如果能這麼做，時間價值就會提高。

話雖如此，要照這樣的理想來化為以自己為主，改變其含意，有時也會有困難。

就算無法馬上化為以自己為主，但只要持續思考「有沒有什麼方法可以化為以自己為主」，這樣就有意義。因為**人腦有個特性，那就是會想要展現出自己所期待的結果**。

若持續展開思考，大腦就會認真促成含意的改變（當然了，如果很排斥，一開始就拒絕也是一種選項）。

如果生活是以對方為主，抱怨就多

常因工作而抱怨的人，是活在「以對方為主的時間」裡。

因為對方而忙碌。因為對方的關係，做事不順利。總是把問題怪罪到別人頭上的人，思考往往很「被動」。在這種想法下，最後會因為「對方如何如何」

而決定自己的情感和行動，所以時間持續被他人奪走。

另一方面，**就算發生非自己所願，或意想不到的事，也不會抱怨或不滿，而是以它當作「課題」，摸索如何自行解決的人，則是活在「以自己為主的時間」裡**。

邊工作邊抱怨的人，周遭人對他的評價始終難以提升，所以就此心生不滿，而愈愛抱怨，活在容易產生這種惡性循環的結構下。看你是「以自己為主」還是「以對方為主」，工作上的評價和人生的滿意度會有愈來愈大的差距。

為了成為「以自己為主的時間」，要活用「提問」。

就舉剛才電車上的漏音事件為例。

像這種時候，如果心裡想「為什麼他要這樣漏音呢？」就會思緒紛亂。光是這樣便會造成自律神經大亂，就此讓自己的時間變得負面（變成第187頁提到的「情緒化反應」）。

因此，要像這樣提問。

「在這種狀況下，為了不讓自己覺得不舒服，該怎麼做才好？」

也就是展開找出解決辦法的提問。雖然就只是這樣，但得到的答案，與只會感到不滿的情況相比，可說是天差地遠。

將時間歸自己所有的技術②「序幕化」

讓餐點變得無比可口的簡單方法

排隊才吃得到的拉麵特別好吃的原因

我問個問題。

讓餐點變得無比可口的簡單方法是什麼？

如果是你，會怎麼回答？

我的回答如下。

「就是先餓肚子」

不管菜餚再棒，只要是在肚子不餓的狀態下，就無法吃得津津有味（或許有些美食家不會有這種情形）。

以前電視節目《情熱大陸》（每天播放）曾有一集報導編劇小山薰堂先生。小山先生在五十歲生日那天到熊野古道健行，途中他吃了住宿的旅館為他準備的飯糰後，說了一句話。

「這是我今年吃過的食物中最好吃的。」

小山先生是一位知名美食家，他認為最好吃的東西，似乎是當時吃的飯糰。那個畫面令我深有所感。

我沒詢問過小山先生本人，所以這始終都是我個人的想像，我在想，播放那個節目時，小山先生正好處在五十歲這個人生重要階段，他走在熊野古道上，因為肚子餓，所以飯糰吃起來才會那麼可口吧。

想要吃得可口，重點不在菜餚的味道，而是之前的PROLOGUE（序幕）。

人生重要階段這樣的情節，也成了PROLOGUE。重要的是，肚子餓是最佳的PROLOGUE。

當你心想「我想吃好吃的東西！」時，通常心思都會擺向「美味的料理」。

不過，如果真的想吃得津津有味，吃之前的「PROLOGUE」也很重要。

所謂的「PROLOGUE」，指的是序章或序幕，而時間的序幕指的是「用來讓目的顯得熱鬧的鋪陳」。

得花很長時間排隊才吃得到的拉麵。

從開店創業至今一直沿用的祕傳醬汁烤鰻魚。

畫線的部分是序幕，會讓美味更上層樓。

不光只有吃的是這樣。

為了喝好喝的啤酒，而洗三溫暖流了滿身大汗，強忍喉嚨乾渴。

為了盡情享受假日，平日賣力工作。

重要的是抵達終點（目的）前的「序幕」。

如果建立「序幕」，就會創造出印象深刻的終點。

「序幕化」會提高時間的價值。

我有位朋友在業務的工作上創造出驚人的業績。

我問他為什麼會創下這麼好的業績。

「我並不是口才多好，而且我很不擅長討客戶歡心，或是讓客戶產生想買的意願。不過，我很重視『序幕』。

我認為業務重視的不是賣出商品的瞬間，而是賣出前的腳本。描繪出對方想買商品前的腳本，將腳本付諸執行。老老實實地這樣做，就會有好的業績。」

聽說他就算颳風下雨的日子，淋成落湯雞，也一樣拜訪客戶。這樣的態度令客戶深受感動，而決定和他合作。

像這樣編腳本，也算是「序幕化」之一。

或許有人會覺得有點耍小聰明，但他這種態度確實能打動人心。

序幕化就是將終點（目的）提高到最大的存在。

同時也是加大喜悅，帶來令人印象深刻的時間的一種方法。

打造序幕的四個方法

那麼，該如何具體地打造「序幕」才好呢？在此介紹四個方法。

✦將忍耐序幕化

「為了晚上可以在NETFLIX上好好看我喜歡的電影，我白天要努力工作。」

「為了喝好喝的啤酒，我要努力訓練揮汗。」

將討厭或痛苦的事當作「用來達成目的的序幕時間」，讓主從關係倒轉的方法。

負面的絕對值愈大，達成目的時的喜悅也愈大。

以腳本當序幕

自己打造達成終點（目的）前的腳本，也是序幕化的方法之一。

如果只是事實的羅列，大腦不容易留下印象。比起冰冷的事實，腳本更能打動人心，容易提高幹勁，或是印象深刻。

剛才介紹的業務故事，便是將腳本序幕化的一個例子。

在商業的世界裡，有「腳本策略」這種手法，這可說是將時間的積累打造成腳本，加以序幕化的一種做法。

將搜尋序幕化

舉個例子，要和沒見過的人見面前，會先用社群網站搜尋這個人的相關資訊。先安排好「準備」這個序幕後，見面時就能溝通順利，更加提高時間的價值。為此，事前的搜尋、準備有其必要。

出外觀光時，要是了解當地的歷史、地理等，更能享受觀光的樂趣，這也是序幕化。

✦ 將時間的積累序幕化

這是提供商品或服務時的想法。

就像「整整熬煮了三天的法式多蜜醬」、「經十八個月熟成的生火腿」一樣，是將時間的積累序幕化來傳達的方法。

雖然熬煮了三天的東西不見得就會有好味道，但透過序幕效果，對客人來說，熬煮三天的醬汁會有不同的價值。

將時間歸自己所有的技術③「終章化」

將刑警劇的解謎場面當作提示

時間的價值會隨著如何結尾而改變

刑警劇的結局，有個不可或缺的場面。

那就是由擔任主角的刑警在整齣戲的後半說明（解謎）犯人為何要犯罪的場面。

例如在連續劇《相棒》（朝日電視）中，主角杉下右京常在故事最後解謎。

這是許多刑警劇都會有的場面。最後為犯行解謎，「賦予意義」，能獲得接納感，戲劇就此完結。

對度過的時間「賦予意義」，我稱之為「時間的終章化」。

回顧自己做過的事，賦予它意義，這是為了讓自己接受所展開的行為。終章化算是磨時間的一種。

終章化給人的印象是「回顧、複習」。

事後回顧這段時間，加以複習，藉此提高時間價值。

「要讓學過的東西牢牢留在記憶中，需要複習。」

學生時代，老師苦口婆心地強調複習的重要性。

我很不擅長複習，是老想接著往下學的那種學生，所以總是記不牢。

開始工作後，**我發現複習的重要性**，每當工作結束後，就會對工作進行總括整理，同時展開複習和自己一個人的反省檢討。

工作進行順利的重點是什麼，不順利的原因是什麼，加以檢討驗證後，我逐漸在工作上展現成果。

為什麼需要工作的終章化

終章化也能提高工作的價值。

如果每天被工作追著跑，**會忙到不知道「自己工作是為了什麼」**。

這種時候就需要終章化。

舉例在一天結束時，回顧今天的工作，思考這天的工作有怎樣的意義。

此外，像一週的結束、一個月的結束、計畫結束等，在告一段落的時間點回顧，思考這項計畫有怎樣的價值。

在工作上終章化，之所以重要，是因為它與人腦的特性有關。最重要的是，**人是容易厭膩的生物**。

每天持續做同樣的工作，會逐漸習慣化，變得很理所當然。這麼一來，工作會很無趣，不懂自己是為了什麼而做。這種時候終章化就會發揮效果。

「時間的終章化」有四個要訣。請務必試著將終章化寫在記事本、手機裡。

1 要盡可能讓回顧的時間正向化

終章化的目的，是要提高時間的價值。因為想加強「這是很好的時間」、「雖然辛苦，卻是有意義的時間」這樣的印象，所以就算有負面的事，也要試著將它轉換成正向。

就算犯了疏失，如果能從疏失中得到收穫就好了。要想成是為了得到收穫，而需要有疏失的存在。

例如藝人常會以自己的出包經歷當話題對吧。要是出包的話，就「有好話題了！」這也算是正向化的一種。

2 將回顧的時間當作故事

編腳本並非只能用在序幕化，也能活用在終章化上。

要將一整天終章化時，要用「將今天一整天當作故事」的感覺來回顧。

3 終章化要「趁熱」

隨著時間經過，當時的喜悅或幸福的感覺會變淡，所以終章化請趁記憶尚未變淡，熱度還沒變冷時進行。

4 要意識到時間的「接納感」來回顧

回顧時間時，會創造出對那個時間的「接納感」。

雖然也會與正向化重疊，不過，就算是感到後悔的時間，只要能獲得接納感，後悔的感覺就會變淡。對自己的時間具有自我接納感，這點很重要。

就算沒展開終章化，只要對每個時間都能得到滿足感就行了，但要在全都只有滿足感的情況下生活，是很不容易的一件事。像這種時候，請刻意創造接納感，試著回顧時間。

將時間歸自己所有的技術④學會「強觀察力」

「觀察力」和「忽略力」展開拔河

痛苦訓練的時間為什麼特別長

「感覺每年的時間過得好快」

「一年轉眼即逝」

每次一年過去，就覺得時間過得好快。

而另一方面，像以下這樣的時間是否覺得特別長呢？

例如在進行吃力的重訓時。

「抬腿腹肌鍛鍊，還剩最後一分鐘！」

像這樣對自己說，最後這一分鐘特別長。

忍著不上廁所的時間也感覺特別長。

「會議再五分鐘就結束，在那之前，就先忍著別上廁所吧。」

有了這個念頭後的五分鐘特別長。簡直就是地獄。

除此之外，「聽上司說教的時間」、「看無聊的電影或連續劇的時間」，也往往會覺得時間特別長。

會覺得時間特別長，有其原因。那是因為留意時間經過多久的頻率特別高。

當你會覺得「怎麼還不快點結束」時，就是處在會留意時間經過的狀態。像這種時候，往往會覺得時間特別長。

而另一方面，快樂的時間總是轉眼即逝。這是因為不會留意時間的經過，只留意快樂的事，所以會有這種感覺。

因此，如果想縮短時間，就要讓自己不容易去留意時間的經過。

如果是吃力的重訓，就邊看有趣的影片邊做，如果是在醫院候診的時間，就要活用這段時間，準備好能做的事，以此改變時間的感覺。

（不過，唯有忍住不上廁所這件事，要改變時間的感覺或許很難……）

望著天空，會覺得時間變得悠哉的原因

另一方面，如果想悠哉地度過時間，就要留意時間。

有一次，我為工作忙了一整天時，發生了這麼一件事。

為了提早吃晚餐，我來到公司外，不經意地仰望天空。頭頂上空是一望無際的漂亮晚霞。

「多美的夕陽啊。」

當我產生這樣的感受時，我發現「時間」就在那裡。

「不，時間一直在流逝才對吧。」

或許有人會這麼想，但那天我實在太過忙碌，一直在與人討論。沒有餘力去感受時間，感覺時間轉瞬即逝。

但在我仰望天空的瞬間，我感受到「時間」。

每當我快要忙翻時，我都會刻意看沙漏。

因為望著沙漏，就能真切感受到時間就在那裡。沙漏對我來說，是幫我調

整時間感的器具。

附帶一提，留意時間的頻率愈高，就會覺得時間愈長。如果時間變「長」，它是會變成無趣的時間，還是變成「緩慢」放鬆的時間呢？這會視你對時間的看待方式而定。

如果想讓時間變得緩慢，要在一天當中製造「留意時間的時間」。

仰望天空。悠哉地喝咖啡或喝茶。留意走路。

只要是自己喜歡的事就行，創造出這樣的時間，就能感受到緩慢的時間。

就算看同樣的事物，一樣有人看得到，有人看不到

以前在某個電視節目上，一位從事園藝的女性說了這麼一句話。

「有人說鄉下什麼也沒有，但那只是他不懂得仔細觀察景致。如果觀察大自然，會發現再也找不到這麼富於變化又有趣的地方了。」

覺得人生無趣的人，與人生過得有趣的人，其差異就在這裡。

據說成人與孩子的差異之一，就是「對世界的看法」。

孩子有許多事還不習慣，所以能以「白紙」的狀態來看世界。容易對各種事都感興趣。

而另一方面，成人基於經驗和熟悉，大腦會自行展開整理，而覺得「這個我看過，體驗過」，變得僵化。

以前我曾去過阿拉斯加。目的是去看極光。

停留的那段時間，我運氣很好，每晚都能看到極光。這項體驗成了很重要的回憶，一直遺留至今。

我跟住宿的旅館人員說「能常常看到這麼美的極光，真是太棒了」，結果他回我道「確實很美，不過，因為我們已經很習慣了，所以不會覺得感動。」

對我來說，那是永生難忘的極光體驗，但是對住在阿拉斯加的人來說，卻是生活日常。這也是理所當然的事。

工作一旦僵化，就會很無趣。

與夥伴的關係僵化，變得可有可無。

生活僵化，就不會有快樂的事……

年復一年，很容易造成這種情況。

當初剛開始工作時的熱情。

剛與戀人交往時的心動感。

為了享受生活而努力的那段歲月。

如果能回到一開始時的「白紙時代」，人生應該會更快樂。

當然了，我們無法用物理性的方式回到那個時代，但有可以讓感情稍微回到過去的方法。

那就是鍛鍊「觀察力」。

只要鍛鍊觀察力，過去看不到的事物就會逐漸浮現。

例如過去沒認真看的網站報導。如果是過去，一看完馬上就忘了，但現在透過觀察力的鍛鍊，能從報導中發現對自己有意義或是感興趣的資訊。

雖是和之前一樣的時間，但只要鍛鍊觀察力，時間的價值便可提升。

那麼，該如何鍛鍊觀察力才好呢？

許多成人的「忽略力」都變得強化。

由於每天接觸龐大的資訊，要是沒有忽略力的話，會被折騰得很慘，就算有再多時間也不夠用。

不過，忽略力要是過度強化，觀察力就會下滑。忽略力和觀察力是處在相互拔河的狀態。

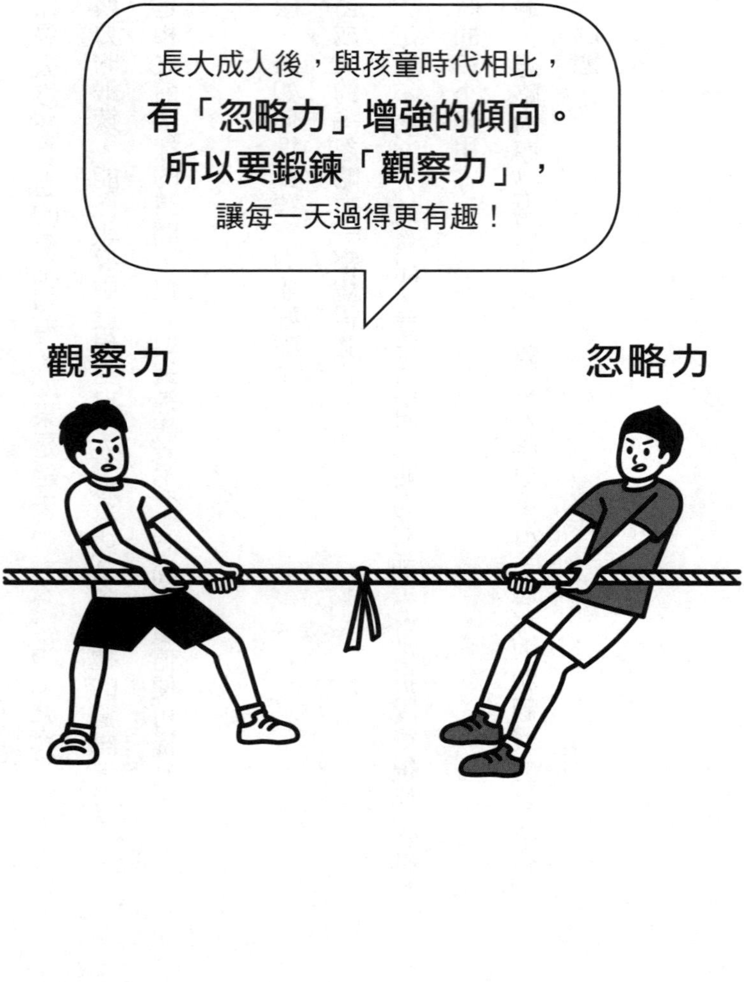
長大成人後，與孩童時代相比，
有「忽略力」增強的傾向。
所以要鍛鍊「觀察力」，
讓每一天過得更有趣！
觀察力
忽略力

為了鍛鍊觀察力，有必要調弱忽略力。方法就是「**讓心靈東張西望**」。

我從以前就很擅長在街上發現藝人，但我認為這也是歸功於我的觀察力。和朋友一起走在路上時，通常先發現藝人的都是我。

因為我喜歡觀察，所以對周遭感興趣，**會刻意讓心靈東張西望**（另外還有愛追星的心態）。

此外，運用「**彩色浴效應**」，也是鍛鍊觀察力的方法之一。

所謂的彩色浴效應，指的是與自己平時關注或是留意的事有關的資訊，會很自然地映入眼中。

只要事先讓自己關注的事變得明確，化為言語，則映入眼中的資訊便會增加，同時也能鍛鍊觀察力。

要在今天這張「白紙」上畫什麼？

有可能「讓每天都變成特別的日子」嗎

對自己不擅長應付的人產生強烈的不滿，占滿整個內心時。對未來的不安，使自己心神不寧時。因為對過去所做的事感到後悔，有所執著，而心裡難受時。

像這種時候，要專注在「當下」會有困難。

有句話叫「心不在焉」，心思定不下來，一會兒四處遊走，一會兒跑到未來，一會兒跑到過去。

人有時彷彿活在當下這個瞬間，卻又無法真正活在當下。

如果一直過著心不在焉的時間，會變成怎樣呢？
這會造成「時間價值下滑」。
具體來說會有以下幾種情形。

- **沒有充實感的時間、無趣的時間增加**
- **事後回顧時，想不起自己做過什麼**
- **感覺自己浪費了時間**
- **難以感受到幸福**

正因為如此，才希望能專注在「當下這個瞬間」。
因為今天不會再重來。

不過，有人雖然很清楚這個道理，但要專注在和昨天沒什麼兩樣的今天，卻很難辦到。

既然這樣，就每天展開像是「人生第一次」的體驗吧。如果能做到，每天就會變成特別的日子！

如果能將每天都變成特別的日子，或許就會成為留下許多回憶的人生。

例如「這禮拜要去南極」、「下禮拜要在巴黎的三星餐廳用餐」、「下下禮拜要在夏威夷玩水上運動」。如果過的是這種富於變化的生活，就會是昨天和今天都不同的每一天。

我前面寫的是理想，但要過這種生活，其實很不容易對吧（而且要是一直過這種生活，或許這種生活本身就會變得很理所當然）。

我在第43頁提到，比起「特別的每一天」，更該追求「完美的一天」。我的結論是，要將每天都變成特別的日子有困難。不過，如果是以變成完美的一天為目標，就有可能辦到。

舉例來說，特別的每一天，給人的印象是「品嘗人生中從未吃過的美食」，或是「到從沒去過的稀奇店家用餐」。而另一方面，完美的一天給人的印象，則是專注在吃的時間，而不是吃了什麼，用心感受用餐的喜悅和感謝。

如果要專注在「當下」，應該以「完美」為目標，而不是「特別」，這樣進行起來才會順利。為此，要好好「研磨」眼前的時間。

藝術家岡本太郎曾說過一句話。

「生活是讓每一個瞬間綻放熱情，讓當下變得充實。」（出自《自己的心頭要帶毒》）

「磨時間」所帶來的啟發，就濃縮在這句話當中。

「讓當下變得充實」，就是活在當下。

重要的不是「日後」，而是「現在」。

曾經很流行藉由冥想，讓意識回到「此時此地」，集中精神的正念。專注在「此時此地」，會促成「完美的一天」。

那麼，要專注在「此時此地」，該怎麼做才好呢？

專注在「此時此地」的唯一方法

那就是留意此刻這個時間。僅只如此。

重點在於想要珍惜今天一整天的時間。
各位不妨試著展開這樣的思考。

今天一整天是一張「白紙」。
我要在白紙上畫什麼好呢？

以前我曾經參觀過當紅漫畫家的原畫展。在展覽中擺出當紅漫畫的草圖，我看了那幅草圖後，大為感動。

世界當紅的漫畫，原本也是來自一張白紙，這點令人深受感動。原本就只是一張白紙。要在白紙上畫什麼，將會決定它日後會成為怎樣的漫畫。

這是很理所當然的事，但卻是個很大的發現。

今天一天也是一樣。

如果說白紙是今天的二十四小時，要在上面畫下怎樣的二十四小時呢？

如果想成為快樂的二十四小時，就要在白紙上畫下「快樂的場面」。

舉例來說，如果妳接下來預定要去美容院，就要思考，為了珍惜去美容院的時間，妳該做什麼好。

如果是我，大概是像下面這樣的感覺。

- 要好好享受與美容師的聊天。
- 請美容師洗髮或按摩時，要沉浸在舒服的感覺中。
- 對自己想要的髮型要徹底堅持，與美容師仔細商量。

除此之外還有很多。

想像你今天一整天想要的是什麼樣子，把它畫在白紙上。藉此提高今天的價值。請務必一試。

第4章

時間有九成是選擇

重點 1

在《海螺小姐》中登場的＿＿＿，其選擇標準向來都很明確。

重點 2

先決定好時間的＿＿＿，就能減少時間的浪費。

重點 3

「選擇」這樣的決定，與「＿＿＿」這樣的決定互為表裡。

重點4

決定選擇標準的七個觀點。

①會不會＿＿＿

②＿＿＿高不高

③是否遵從＿＿＿的聲音

④＿＿＿高不高

⑤有沒有＿＿＿

⑥能否讓人＿＿＿

⑦會不會＿＿＿舒坦

重點5

＿＿＿會阻礙選擇。

※解答參見第317頁。

時間
有九成是選擇

鰹的時間選擇術

鰹的時間選擇標準向來很明確

卡通《海螺小姐》裡常出現這樣的場面。

海螺對弟弟鰹說，你出門玩之前，先寫習題吧。

但鰹卻趁海螺不注意，偷跑出去玩。

之後一定會挨海螺罵。但就算挨罵，鰹也不太放在心上。

鰹可能有「明確的時間選擇標準」吧。那就是

遊戲▽習題

就算會挨海螺罵，這個選擇標準還是不改。這樣的人，人生中似乎很少會感到迷惘。

決定好選擇標準，就能減少時間的浪費

根據劍橋大學芭芭拉・薩哈基安（BARBARA SAHAKIAN）教授的研究，**人一天最多會進行三萬五千次的選擇（決定）**。（很驚人的數字！）

一天有八萬六千四百秒，所以照這樣來看，三萬五千次的選擇次數是很驚人的數字。假設每次花一秒的時間用在選擇判斷上，這麼一來，一天約有40％的時間都用在選擇行動上。再從當中扣除睡眠時間，比例又會提高更多。

以活動時間來看，一天有一半以上都是選擇的時間（話雖如此，無意識下選擇的情況占絕對多數，所以沒有真切的感覺）。

例如早上醒來後……

- 「是要馬上起床，還是在被窩裡再躺一會兒」
- 「是要先上廁所，還是要先洗臉」
- 「早餐要吃麵包，還是不吃」
- 「出門穿什麼好」
- 「電車要搭第幾節車廂」

真要寫的話，根本寫不完。

雖然作了這麼多選擇，但每次要是都心想「該選哪個好呢」、「真難決定～」就會花很多時間。

像鰹這樣，事先明確訂下自己的「選擇標準」，就能幫忙消除人生中浪費的時間。

該如何決定選擇標準

以前有位朋友曾找我諮詢。

他工作的公司問他是否有調派國外的意願，但他不想調派國外，處在精神壓力極大的狀態。

他對我說：

「雖然公司詢問我有沒有轉調的意願，但也不是非去不可。當然了，我如果拒絕，在公司內會有評價下滑的風險，但我認為最重要的是『**要作出自己不會後悔的選擇**』。

如果心裡感到很排斥，那就拒絕轉調。我認為，還是要思考什麼是自己不會後悔的選擇，這樣才好。」

這位朋友後來以重視自己的身心健康為優先，拒絕轉調。由於精神上的壓力消失，他也重拾往日的健康。

後來這位朋友跟我說：

「雖然很難再高升，但我覺得自己能作出不會後悔的選擇，真的很慶幸。」

「想拒絕這項工作。但這有可能會讓我的評價下滑」，像這樣有各種要素糾葛，要作出選擇並不容易。

但如果最後還是非得作出選擇的話，「**作出自己不會後悔的選擇**」這樣的標準，將成為你的指針。

除此之外，還有「**選擇自己喜歡的**」這樣的想法。

人生比想像的還要短。所以最好選擇自己喜歡的事，做自己喜歡的事。

例如這種時候，你會選擇哪一個？

自己的父母受傷住院，父母希望你能陪同做復健。而在同一時間，你與戀人有約。

如果是選自己喜歡的當標準，這種時候應該大部分的人都會選擇與戀人有約吧。

但這樣真的行嗎？因為選擇自己喜歡的，使得父母的復健進行得不順利，這樣你或許會後悔。

如果不是「以喜不喜歡來選擇」，而是「作出自己不會後悔的選擇」，以這樣的選擇標準來判斷，這樣如何呢？就像剛才我那位朋友轉調的事一樣。

最好是作出完全不會後悔的「**零後悔選擇**」。就算不容易，也要作出「**讓後悔最小化的選擇**」。

以這個案例來看，因為希望父母早點康復，所以基於「不後悔」的標準，選擇陪父母復健。如果比起陪父母復健，履行與戀人的約定更「不會後悔」，那就作這樣的選擇。

當然了，如果能作出「喜不喜歡」與「不後悔」都能兼顧的選擇，那樣當然更好。

那麼，像以下這種情況，你會怎麼選擇？

今晚正準備去喝酒時，上司突然提出邀約。

因為明天一早有事要討論，所以「婉拒」也是一種選擇，不過和上司也算有點交情，或許會聽到什麼有利的消息，所以一起去喝酒也是個選擇。

只要以自己不會後悔為標準來決定就行了。

如果自己的選擇標準模糊不明，就會因為對方用強硬的態度邀你一起喝酒，你雖然不想去，但最後還是去了。總覺得對周遭人不好意思，雖然非出於本意，但還是參加了，**然後感到後悔**，這種情況或許會發生。

為了避免這種情形，請先明確決定好自己的選擇標準。

做是選擇，不做也是選擇。不管選哪一個，都不要後悔

先了解「選擇」的結構

早上七點。鬧鐘鈴響。

前一天追劇看到很晚，感覺沒睡飽。

但得早上七點起床，提早到公司處理昨天沒做完的工作。

雖然心裡明白，但好睏……

腦中被迫展開二選一的選擇，看是要起床，還是繼續睡。

我也多次在這樣的二選一抉擇下，敗給睏意，選擇繼續睡。然後深感後悔，心想「剛才要是起床就好了」。

明明是自己作的選擇，卻為此感到後悔，有時就是會有這種情形。

不過，試著細想後會發現，當時是因為想睏才繼續睡，是自己作的選擇。

如果作了某個選擇，另一方面就會產生沒選擇的事物。

「選擇」這樣的決定，與「不選擇」這樣的決定，互為表裡。

選擇「要出去玩」還是「工作」。

有三件想買的衣服，但如果只有一件衣服的預算，就勢必無法選擇買另外兩件。

簡報是要採用A方案，還是B方案，非得作個決定不可。

人生是連續的選擇。

它往往也會「產生沒選擇的事物」。我們就活在這樣的「結構」中。

由於時時都會有選擇，所以要是**對沒選擇的事物感到後悔，就會成為「滿是後悔的人生」**。

沒錯，**「它的結構就是這樣」，這點很重要**。

一定會產生「沒選擇的事物」，這是其結構，所以希望大家能避免讓「後悔」的情感與它產生連結。

有個辦法可以減少讓它與後悔產生連結（要完全消除不容易。但有辦法「減少」）。

那就是**對選擇的事物展開「價值強化」**。

在此舉「忍不住吃了布丁的案例」來說明。

想吃布丁，但目前正在減肥，還是別吃比較好。

結果選擇了「吃」。

這時會心想「為什麼我不能忍。我的意志力實在太薄弱了」，表示你是**習**

慣情感往後悔的方向走的人。

這時候往往容易忘了對「吃的價值」的認知。

因為吃而能得到的好處，就只有覺得「好吃」嗎？

除此之外，還有許多好處。

- 能當社群網站上發文的題材
- 吃布丁一事，能當作美好的回憶
- 想像布丁的製作食譜，邊吃邊深切感受它的味道
- 吃布丁的事可以當作閒聊的話題
- 製作個人布丁排行榜，當一位布丁迷

或許這看起來像是勉強舉出的例子，但「就算再勉強也要找出價值」，這點很重要！

我很喜歡吃布丁，尤其是「偏硬的布丁」。

以前就只是因為喜歡而吃。但自從開始思考為什麼喜歡偏硬的布丁後，我與偏硬的布丁之間的關聯就逐漸產生改變。

不光是吃，我還會在社群網站上發文、跟別人說、公開說我喜歡。這麼一來，周遭人也漸漸明白「柿內喜歡偏硬的布丁」，甚至像「新宿有一家店賣偏硬的傳統布丁，很好吃哦」這樣的相關資訊，也會傳進我耳中。

這樣的循環結果，**使我在吃偏硬的布丁時，與以前相比，時間價值提高許多。**如果是以前，我只是心不在焉地吃著布丁，但現在我在吃的時候，期待度會大幅提升。

有一句話是這麼說的。

「比起不做而後悔，做了才後悔還比較好」

我對這句話有不同的看法。

如果可以，不後悔會更好。

如果是我，會有這樣的建議。

「做是一種選擇，不做也是一種選擇。不管選擇哪一個，都不要後悔」

就算自己的時間選擇標準很明確，但還是無法作出選擇，這在人生中也是很常有的事。

如果只活在自己的選擇標準下，有時在工作上會破壞團隊合作，與家人和朋友可能會處不來。

或許還會被周遭人貼上「那個人都只想到自己」的標籤。

為了避免這種情形，非出於本意的選擇、妥協的選擇，在人生中勢必會如影隨形。

就算作了非出於本意或妥協的選擇，也要盡可能別後悔，從中發現價值。這個時候怎麼想，會對人生帶來很大的改變。

決定選擇標準的七個觀點

那麼，要決定自己的選擇標準，具體該怎麼做才好呢？想要決定標準，包含「會不會後悔」這個選擇標準在內，一共有七個觀點。

決定選擇標準的七個觀點

- **觀點1** 會不會後悔
- **觀點2** 體驗價值高不高
- **觀點3** 是否遵從身心的聲音
- **觀點4** 幸福度高不高
- **觀點5** 有沒有投資價值
- **觀點6** 能否讓人喜歡
- **觀點7** 會不會心裡舒坦

在時間的選擇上作不出決定時，請以這七個觀點為基礎，試著展開思考。

有一種想法是「在人生的選擇上作不出決定時，就選擇比較困難的一方」。

這句話感覺很帥氣對吧。不過，如果照這句話去選擇，有點危險。

舉例來說，假設你正猶豫要不要與戀人分手。

如果用哪個比較困難來決定，會是什麼情形呢？

要創業，還是繼續當上班族？對這樣的選擇感到猶豫不決時，該怎麼做呢？

要是遵從「選擇困難的一方」這個想法，選擇創業的話呢？有許多人實際遭遇創業的阻礙而感到後悔，這是現實。

不是很單純地「選擇困難的一方」，而是從這七個觀點來選擇。

如果在創業時也以這七個觀點為基礎來選擇，就算結果失敗，應該也不太會感到後悔。

由於一共有七個觀點，所以這七個觀點當中，可能有的會與判斷相反，令人難以決定。像這種時候，**請在這七個觀點中決定自己的優先順位**。

像這樣逐步提升「選擇標準」的解晰度後，猶豫和後悔都會隨之減少。

此外，這七個觀點也會隨著行為和年齡而造成優先度的改變。

舉我的情況來說，**我三十多歲、四十多歲、五十多歲時所重視的「選擇標準」都不一樣。**

在此介紹，供各位參考。

我三十多歲時的選擇標準是以「體驗價值高」、「有投資價值」為優先。

「總之，就是要多方嘗試」、「會對自己成長有幫助的事，就算再勉強也要做」，我都抱持這樣的想法來選擇時間。

拜此之賜，於公於私我都做了許多新的挑戰，當時的經驗成了我人生重要的食糧。

而到了四十多歲後，「不後悔的選擇」的優先度逐漸提高。為了不讓自己後悔，我開始思考「要在工作上展現成果」，以成果為第一優先。

拜此之賜，我以編輯的身分企劃的書，發行量累計突破一千三百萬本。

而在五十多歲的現在，則是以「作幸福度高的選擇」、「遵從身心的聲音來選擇」為優先。

我真切感受到，如果占用睡眠時間，過於勉強自己，時間價值會下滑，所以我現在已不同於三、四十歲時的做法，都會保有充足的睡眠。

決定好五十多歲的選擇標準後，比較容易得到幸福感。

雖然舉出我不同年代下的選擇標準為例，但不光只有年代，在更短的時間間隔下也可能改變選擇標準。

例如像「這個月的選擇標準」、「目前投入的工作選擇標準」這樣，是視當時自己的狀況而定，嘗試作各種改變的一種做法。

「情感」會阻礙選擇

應該提防的「選擇標準」

而另一方面，也有「應該提防的選擇標準」。

分別是「解讀氣氛的選擇標準」、「覺得可惜的選擇標準」、「視心情來決定的選擇標準」、「無意識的選擇標準」等等。

1 解讀氣氛的選擇標準

如果自己心中對選擇標準一直都模糊不明的話，選擇或決定就會被各種情感牽著走。

「解讀氣氛」的情感也算是其中之一。
應該會因為「感覺對對方很不好意思」、「在意他人的眼光」等情感，而作出非自己所願的選擇。

在工作的討論上，儘管彼此意見不同，但因為心裡想，要是否定對方，對他很不好意思，因而沒說出自己的意見。

面對不想去的邀約，因為對對方不太好意思，而勉強前往。

解讀氣氛的行為，也許會在不知不覺間緊緊依附在你的思考上。

當然了，在有些場面下，也需要刻意解讀氣氛，作出為對方考量的選擇。

不過，無意識地解讀氣氛，一旦成了習慣，或許就無法增加「幸福的時間」。

這感覺就像在居酒屋裡，大家都會說「先來杯啤酒吧」，雖然自己想喝的是蘭姆酒，但還是會配合氣氛跟著點「啤酒」。

如果只是第一杯啤酒，那還說得過去，可一旦解讀氣氛成了思考的習慣，在作重大抉擇時就會產生影響。

為了避免後悔，要先對自己是否會解讀氣氛有所認知。

2 覺得可惜的選擇標準

除此之外，選擇還會有像這樣的情感障礙。

那就是「之前投注的時間和成本真可惜」這樣的情感。

這是稱作「沉沒成本」的大腦偏見。指的是被已經支付的成本拘束，無法做出合理的判斷。

從事商品開發，過程中明白這計畫怎麼看都不可能會順利，但因為覺得之前投注的成本太可惜了，而無法喊停，持續進行開發。

在餐廳用餐時，因為點了太多菜吃不完，處在吃得很撐的狀態，但又覺得可惜，而勉強硬往肚裡塞。這也是沉沒成本。

它的基礎是「覺得可惜」、「想避免眼前的損失」這類的情感。

說起來，沉沒成本算是「覺得可惜的偏見」。

選擇標準會因為這樣的情感而產生偏差，這樣的偏差會帶來「幸福的時間」減少的風險，所以要特別注意。

3 視心情來決定的選擇標準

參加自我啟發講座後，心情變得積極正向，之後的選擇也都會受這樣的心情影響。

心情不佳的日子，不管看什麼，都只會看到負面。

這稱作「心情一致性效應」，指的是人們的觀點會因為心情而改變。心情好的時候，就會注意到事物好的一面，心情不好時，則容易注意到事物不好的一面。

對同樣的事，有時會積極看待，有時會消極看待，也是這個原因。

心情會對選擇標準帶來很大的影響。

除了這裡所介紹的之外，還有像無意識的習慣下作出的選擇等等，情感會對時間的選擇標準產生影響。意識到這一點，是避免犯下選擇錯誤的第一步。

喜歡地方吉祥物的常人心理

人們其實很不擅長作合理的選擇

「地方吉祥物」在現今已相當普及。

不過，**地方吉祥物是一種充滿矛盾的存在。**

引發地方吉祥物熱潮的，是三浦純先生，不過三浦先生曾在他的著作中提到地方吉祥物。

「角色要是顯得很鬆散，那可傷腦筋呢。沒有哪個人或是團體是刻意想創造出鬆散的角色（原文ゆるいキャラ意指鬆散的角色，中文簡稱為地方吉祥物）。不過，想創造出『中規中矩』的角色，結果卻造就出不知該怎麼形容，說

好不好，說壞不壞，感覺很四不像的東西。」（出自《如何打造「不存在的工作」》）

卡通角色原本有其完整的設定和世界觀。

要是有設定很隨便的凱蒂貓或哆啦A夢，那可就有點古怪了。

不過，鬆散角色（地方吉祥物）誠如其名，角色設定和世界觀都很鬆散。

而這樣的鬆散，正是它人氣火紅的重點。

人們並非只會接受「合乎邏輯」、「合理」、「說得通的事物」。

也會接受「不合邏輯」、「不合理」、「說不通的事物」。

有門學問叫「行為經濟學」。

行為經濟學原本是來自於研究學者對根據合理的判斷所建構的「經濟學」展開的批判性見解。

行為經濟學是經濟學與心理學混合而成的學問，它認為人類未必是會作出合理且合乎邏輯的選擇，以此展開行動的存在，以此作為研究主題。

舉例來說，人們儘管心裡想「還是別這麼做比較好」，但還是忍不住會做。明明心裡想還是別買比較好，但最後還是忍不住買了。

這門學問以「**人類就是會這麼做**」為前提，展開研究。

會做出像飲酒過量、抽菸、外遇這一類不合理的選擇。有時也會因為不夠充分的資訊、理解度、處理能力，而作出不確實且不合理的選擇。

為什麼會作出不合理的判斷呢，各種原因都有。

其中一個原因是「**雙曲貼現**」（HYPERBOLIC DISCOUNTING）這種想法。

這指的是「**比起遙遠的未來，較近的未來利益更為優先**」。

舉例來說，發現喜歡的洋裝時，儘管心裡明白，為了將來著想，這時候還是別花錢比較好，但最後還是忍不住買了。

為了鍛鍊身體，自己也明白做重訓比較好，但還是忍不住想在沙發上打混，心想「**明天再好好努力吧**」，就此往後延。

這就是「雙曲貼現」。其理論基礎在於人們的「情感」。如果能順利控制這種情感，「合理的選擇力」就會提升。只要具備合理的選擇力，就能減少浪費，更快速地抵達終點。

不過……**就另一方面來說，情感也很重要**。

本書想傳達的「幸福度高的時間」、「留在回憶裡的時間」，是由合不合理、是否能觸動情感來決定。

要是因為太想控制情感，而過度想減少情感的起伏，「情感的絕對值」就會變小。這麼一來，負面情感或許會減少，但正向的情感也會跟著減少，結果「幸福的時間」也許也會跟著減少。

該控制的是「反應」

因此，我們該控制的不是所有情感，而是部分情感。

這種該控制的部分情感，是「反應」。

「反應」有許多壞處。

舉例來說，看到喜歡的服裝就說「我一看就喜歡！」而在衝動下購買。這也是反應。

例如遇上和自己意見相左的人，有人會粗聲粗氣地作出反應。有人則是作出情緒反應，動不動就與人起爭執。

在《不反應的練習》（草薙龍瞬著）中有這麼一段描述。

「人們在面對煩惱時，會忍不住作出反應，『想與它戰鬥』。正面面對令自己不愉快的對象、不如意的現實，作出反應，努力想加以改變，想要戰勝，一再地掙扎。

但其實人生當中幾乎沒有『能靠戰鬥獲勝』的事，這才是真相。」

不論是行動還是溝通，只要能巧妙控制「反應」，就能減少時間的浪費。

控制情感與控制反應，其差異如下。

✦控制情感

▽消除或減少對對象產生的情感紛亂。始終保持冷靜的「狀態」。控制情感會帶來的風險，是「開心」、「快樂」等情感也可能因此變淡。

✦控制反應

▽不馬上與對方對應，而是先隔一會兒再對應。不是我方保持冷靜的狀態，而是在那個瞬間冷靜對應。所以情感不容易變淡。

控制反應的重點，在於「回歸冷靜的觀點」。

例如像「快要有情緒反應時，先吁口氣」、「先喝口飲料」、「仰望天空或天花板」等等，用哪一種都行，要讓注意力從眼前的情緒反應轉移。

附帶一提，我想轉移注意時，會在腦中唱《哆啦A夢》的主題曲。也就是「先想哆啦A夢」。光是這樣做，就能從眼前的事物轉移注意。

除此之外，也有好幾種會奪走選擇合理性的阻礙。

首先要認識的是「有阻礙的存在」。

光是知道自己的思考會受「阻礙」影響，這樣就能減少選擇的錯誤。

會造成選擇阻礙的情感與思考的偏見

解讀氣氛	解讀氣氛後，會以自己的選擇來配合別人的選擇
覺得可惜	覺得自己花的時間和成本很可惜
心情	不同時候的心情都會對選擇造成影響
不合邏輯的思考	儘管心裡明白，但比起遙遠的未來，此刻的心情更為優先
情緒反應	因一時的判斷，而作出衝動且不合理的選擇
同情	感覺到同情或罪惡感後，就不容易拒絕，對選擇造成影響
移情作用	對有同感的事產生情感，影響了選擇。覺得喜歡的人一切都充滿了魅力，也是因為這樣
自以為「別人應該也和我一樣吧」	自以為別人的想法或感覺應該會和自己一樣，而對選擇產生影響

Column

有時也需要刻意不選擇的狀態（放棄選擇）

難以選擇的時候，刻意不給答案，將它往後延，有時也需要這樣的選擇。後往延乍看是很消極的方法，但視情況而定，有時也會是積極的選擇。

不給出答案的狀態，我們可以稱作為「消極感受力」（NEGATIVE CAPABILITY）。

選擇不見得始終都是愈快愈好。刻意抱持問題不給答案，也是一種選擇。

在模糊不明的狀態下持續抱持問題，尤其是在與難題對峙時，有其必要。

牛頓之所以能發現萬有引力，據說就是因為他持續抱持消極感受力的緣故。

持續抱持問題，大腦就容易發現與答案有關聯的事。
有時該急著作選擇，有時則需要刻意不選擇。

第5章

人生是由擬訂的預定計畫組成

第 5 章的重點

重點 1

人生是以擬訂的　　　所組成。

重點 2

行程要的不是管理，而是　　　。

重點 3

記事本是　　　人生的工具。

重點 4

要記錄讓時間可視化的　　　。

重點 5

用來擺脫忙碌的　　　訣竅。

捨棄　放棄　丟出　往後延　拒絕

重點 6

忙碌會降低「　　　」。

※解答參見第318頁。

對記事本重新定義

擬訂的行程表會構成人生

儘管數位化與日俱進，但現在仍有許多人使用實體的記事本。至於為什麼使用實體的記事本，理由相當多。

例如「因為要寫什麼都行，自由度高」、「事後回頭看比較方便」、「打造有自己風格的記事本很愉快」等等，用法形形色色，不過，只要巧妙運用，記事本便能成為讓自己的人生朝正向發展的工具。

因此，如果只是用記事本來當預約或定期事項的預定行程管理，那就可惜了。預定行程管理只是記事本的一部分功能。

人生會因為你在記事本裡寫下什麼，而有很大的改變。

舉例來說，像有趣的預定行程、令人充滿期待的預定行程、刺激的計畫、會帶來幸福的構想，如果在記事本裡寫下許多這類的行程，人生應該會變得快樂許多。

另一方面，像完全不期待的預定行程、無趣的計畫、受人強迫的構想、不得已安排的預定行程，如果在記事本裡寫了很多這類的行程，也許就會變成一點都不快樂的痛苦人生。

「人生是由擬訂的行程表所構成」

這是我常對自己說的一句話。

為了設計出這樣的行程表，要活用記事本。

我認為**記事本是設計人生的工具**，是提高自己時間價值的工具。

過去都只是用記事本來管理預定行程的人，請務必要對記事本重新定義。

設計行程表的方法

那麼，在此介紹設計行程表的方法。

1 一開始以「設計觀點」來思考行程表

突然聽到這句話，或許會不懂它的意思。

在此要先定義「DESIGN」。DESIGN」一詞來自拉丁語，是「用記號來表示計畫」的意思。

對設計進行大致的定義，意思是「為達成目的而設計，將設計具體化」。

如果將它套用在「設計行程」上，則意思如下。

「為了達成目的，設定行程，將設計好的行程表具體化」

我以前主要也都是將記事本用在「預定行程管理」上。

在年初設立該年的目標，並將它寫在記事本上。

但該年的目標幾乎都沒達成。我心想，為什麼我都沒能達成目標，就此嫌棄自己。

接著我發現一件事。

我想靠「意志力」來達成目標，是一大錯誤。因為我的意志力薄弱。

另一方面，在聽聞那些展現過人成果的人擬訂預定行程的方法後，我發現一件事。

展現過人成果的人，都是以抵達終點的模式在擬訂行程表。

明確定出終點（目標），將它落實在行程表中，再從它來反推回去，對必要的預定項目詳細進行行程安排。

在此具體說明。

擬訂一個月的預定行程時，通常都會從討論、會議、酒局、嗜好等已經決定好的預定項目先加入。

但設計行程表的構想不一樣。

首先要決定該月的目的或目標。

舉例來說，像「這個月要作為自己的思考力強化月」、「要很健康地減兩公斤體重」、「假日要盡情地看棒球賽」等等，要決定該月的目的或目標。然後展開能達成目標的設計。

如果該月的目的是「思考力的強化」，就要看書、看電影、與人交談，如果是要在工作時磨練思考力，就要思考哪件工作該怎麼處理。然後將具體的行動落實在行程表中。

在加入討論或會議等預定項目前，要先設計行程表，先加入預定行程。若不這麼做，像例行公事這類的工作或許會不斷地塞滿行程表。

這就是設計行程表的思考方式。

2 先將「幸福的時間」加入自己的行程表中

設計行程表還有一點很重要，那就是先將「幸福的時間」、「投資的時間」

加入行程表中。

希望能在人生中增加期待和喜悅，讓後悔最小化。

要先加入用來達成這些目標的預定項目。若不這麼做，有可能時間會不斷地被其他人奪走。

在設計行程表時，重要的是別都以**「（組織或家庭等等的）角色」為優先，把「幸福」擺一旁。**

而我在這本書中一再提到，要為「幸福」來使用時間，以滿足五感（滿足感、充實感、達成感、快感、平靜感）。

就不斷地將「幸福的時間」加入預定行程中吧。

一開始或許會有些猶豫。不是在行程表中寫下「決定好的預定項目」，而是「想做的預定項目」，或許會很不習慣。而且還是不知道能否實現的預定項目。

不過，就算實際上無法實現，先將它寫下也有其意義。因為**藉由「語言化」和「可視化」，大腦會有這樣的認知。**

所以為了讓它成為幸福的時間，要將「想做的事」寫進行程表中。光是這樣，就已經向前跨出一步。

3 在預定行程表中建立「空白預定」（空白是勇氣）

「忙碌中毒」的人，當行程表上出現空白，就會覺得自己在偷懶。

但排得滿滿的預定行程，通常都會在某個環節崩垮，優先順序大亂。

為了避免這種情況發生，要刻意先保留空白時間。

只要留下空白，精神上應該也會比較輕鬆。

就像在行程表上寫下「五號　十三點～十七點　空白時間」這樣，也要先加入空白時間。

不是管理行程，而是設計自己的人生，從這樣的觀點來看事物，時間的用法會逐漸產生改變。

設計行程表的範例

2月	2月的目標 ①「強化思考力」的月份 ② 減重兩公斤的減肥月份 （決定月目標，訂立用來達成目標的行程表）
星期一	**星期二**
1（先加入預定項目） • 8：00 — 8：30 為了強化思考力而閱讀 • 午餐 選擇沙拉午餐 • 20：00 跑五公里	2（加入「投資的時間」的預定項目） • 8：00 — 8：30 為了強化思考力而閱讀 • 午餐 選擇日式午餐 • 20：00 跑五公里
8 • 8：00 — 8：30 為了強化思考力而閱讀 • 午餐 選擇沙拉午餐 • 20：00 跑三公里 • 13：00 — 16：30 空白時間 （將空白時間加入行程表中）	9 • 8：00 — 8：30 為了強化思考力而閱讀 • 午餐 選擇低醣午餐 • 19：00 煮自己想嘗試的咖哩 （加入「幸福的時間」的預定項目）

記錄「時間簿」，讓時間「可視化」

讓自己的時間「可視化」的方法

在此提個問。

「你在工作上，一整天會花多少時間在郵件或聊天軟體上？」

「你從開始洗衣到晾完衣服，花了幾分鐘？」

能明確回答這個提問的人，是很了解自己時間使用方式的人。

而無法清楚回答的人應該也不少吧。

我自己也是如此。

舉例來說，我原本連出門走到離家最近的車站要花多少時間都不是很清楚。只覺得好像是「十分鐘左右」。因此，某天我決定要準確地測量時間，就此付諸執行。

結果得知是十三分鐘。雖然沒太大差異，但還是有三分鐘誤差。如果以一週往返五次來思考，一整年的認知誤差就是一千五百六十分鐘。約26小時誤差。

感覺與事實有很大的落差。要消除落差，就要讓自己的時間「可視化」。

因此，我推薦記錄「時間簿」。

記錄時間簿，就能明確知道自己的時間都用到哪兒去，所以應該捨棄的時間、應該提高生產性的時間，會就此可視化。這麼做的結果，可讓什麼該做，什麼不該做變得明確，增加自己的時間。

「昨天午餐吃了什麼？」

要是有人這樣問你，你能馬上回答嗎？

為什麼忘了昨天的午餐呢？

那是因為吃的時候心不在焉。

如果吃午餐時邊看手機，或是邊看電視，就不容易記得自己吃了些什麼。

如果昨天是和自己喜歡的人共進午餐，就應該會記憶深刻。

「時間簿」的記錄方式很簡單。

一天快結束時（或是隔天一早），只要一邊複習這一整天，一邊仔細記下幾點做了什麼就行了。

例如像第210頁這樣的感覺，記下一整天的行動。

當中特別有印象的時間，或是有許多發現的時間，要用螢光筆畫線。此外，在意的事要另外記錄。

每天持續這樣記錄，有許多優點。

✦記錄時間簿的優點

1 自己在哪方面花了多少時間，會就此可視化。

2 可當作一天的複習，真切感受這一整天的價值。配合第136頁的「時間的終章化」，更能提高時間價值。

3 能作為往後設計行程表的參考。

我某天的時間簿

7：00	起床。喝杯提神的咖啡，與妻子交談。 泡澡	
8：00	開始遠距工作	
8：00 ｜ 9：00	郵件回覆等	
9：00 ｜ 10：00	ZOOM會議（A先生）	想出好點子。 A先生 總是很有趣！
10：00 ｜ 11：30	對進行中的企劃進行審稿	專注地 完成審稿
12：00	外出。DW（電車上工作／事務處理） 午餐（天婦羅蕎麥麵　A店）	好吃！
13：30 ｜ 14：30	和B先生展開腦力激盪會議	
15：00	離開公司	
16：00 ｜ 17：00	C先生─解決〇〇問題 公司內部會議	課題變得明確， 似乎能有進一步發展
17：00 ｜ 18：00	D先生─聽他談了許多事 公司內部會議	
19：00	文書工作	
19：00	下班。晚餐（炒蔬菜定食　B店）	
20：30	回到家。和妻子聊天、跑步、泡澡。	
23：00 ｜ 24：00	工作整理、複習今天一天	
24：00	就寢	

人是會逐漸遺忘的生物。

藉由養成記錄時間簿的習慣，讓記憶留在腦中，事後也能回顧。為了提高對「時間」的意識，時間簿很有用。

「這樣的話，寫日記不就好了嗎」，有人或許會這麼想，但日記和時間簿的目的不太一樣。

時間簿的目的，始終都是「提高時間價值」與「讓時間用在什麼事情上變得可視化」。藉此便可充當今後該如何使用自己時間的參考，或是進行時間的終章化。

日記的目的主要是記錄行動、事實、情感。

因此，**時間簿與日記的目的不同**。

孕育時間的「隱藏正向的訣竅」

如何跳脫忙碌中毒

在思考設計行程表時，希望各位能先了解一件事。

了解忙碌的元兇為何。

忙得理所當然的人，或許已經忙碌中毒。

為了能照自己想要的行程過日子，也需要從忙碌中毒中跳脫。

要如何跳脫忙碌中毒呢，我想思考解決方法。

「我的人生無悔」

這是我祖母常說的話。

即使她晚年出現失智的症狀，也還是一直這麼說，這句話已成了祖母的生活指標。

想度過無悔的人生。許多人都這麼想。

但另一方面，每天忙得不可開交，想做的事不能做，很擔心會淪為徒留懊悔的人生。

或許會產生懊悔的元兇之一，是「忙碌」。

有人不管什麼時候遇見，總是那麼忙。坦白說，我自己也曾是這樣的人。

當時我心想。

等日後我有時間，我就來〇〇吧。

等我有空，就去〇〇吧。

但這種日子遲遲沒到來。總是猛然回神，預定早已排滿。**「等我有時間」的這種時間，一直都沒出現。**

為什麼會這樣？「忙碌的元兇」是什麼呢？

忙碌的原因有以下三個。

1 非做不可的事太多（量）

2 自己的能力不足

3 自己的環境存在著問題

如果能解決這三個問題，應該就會消除忙碌。③或許無法馬上解決，所以我想先針對①「量」的問題來思考。

此外，②也與專注力和執行力有關，所以從第238頁開始會再說明。

隱藏正向的訣竅

①的「非做不可的事太多」，有幾個原因。

例如像「邊工作邊育兒，非做不可的事超過自己的負荷」、「工作上滿是非做不可的事，再怎麼做都追不上進度」等等。

當物理性的量過多時，要用這五個訣竅來因應。

1 捨棄
2 放棄
3 丟出
4 往後延
5 拒絕

我稱之為「隱藏正向的訣竅」。

隱藏正向的訣竅

如果是工作的話……

1 捨棄

優先順序低的事
不做

2 放棄

今天沒辦法，
明天再做吧

3 丟出

這我沒辦法，
就請其他人處理吧

4 往後延

這份資料延到明天
應該可以吧

5 拒絕

那天我有預定行程，
所以無法出席

這五個訣竅，乍看之下很容易讓人以為是負面，應該極力避免的想法。但我認為這是很重要的正向想法。

最重要的是，如果實踐這些訣竅，就能攢出時間來。

附帶一提，它的相反想法如下。

1 撿拾
2 緊黏不放
3 自己來
4 緊守預定計畫
5 承接

這感覺算是「一本正經的訣竅」。

以做人來說，這樣或許會被視為誠實的想法。尤其是在工作上，實踐「一本正經的訣竅」，這樣的人往往會得到好評。

當然了，我並不是說不需要這種想法。只不過，如果只會一本正經，有時會內心受挫、痛苦難過、不懂自己這麼做是為了什麼，而遭遇阻礙。時間也就此沒了。

像這種時候，就需要「隱藏正向的訣竅」。

之所以會覺得「隱藏正向的訣竅」是一種負面想法，是因為只看眼前。如果用長期的觀點來看待，就會有不同的看法。

在思考時間時，要以何種長度來看待，非常重要。

舉個例子，我們來看「隱藏正向的訣竅」中的「拒絕」。

應該有很多人都不擅長拒絕吧。

如果以「眼前的觀點」來思考，或許會覺得拒絕很對不起對方，而感到「難以拒絕」。

但三個月後會是怎樣的情況呢？

如果因為拒絕，而讓自己有充裕的時間，這麼一來，拒絕就轉為正向。也許對方也忘了被拒絕的事。

如果實踐「隱藏正向的訣竅」，或許眼前會發生負面的事，但三個月後、一年後、三年後，也許會轉為正向。

隨著時間經過，有時時間價值也會產生很大的變化。

忙碌會降低生產性

改變忙碌的時間感

根據某項調查得知，要做的事太多，會造成生產性降低。人一忙確實容易疲憊，所以也會影響身體狀況，大腦功能也會跟著下降，所以生產性會降低。

但只要忙碌，就會有很努力的感覺對吧。忙碌的人會讓周遭人覺得「那個人很努力」，所以才會有人深陷其中無法跳脫。

也有人抱持「要委託工作，就得找忙碌的人」這樣的想法。

這項說法的根據是「因為工作忙碌的人，懂得安排」、「因為工作忙碌的人能力強」。

但這個想法真的對嗎？

過去我和許多人共事過，但並非「忙碌的人＝工作能力好的人」。

因為能力和技能差，所以總是忙不過來的人，以及工作不得要領，總是瞎忙的人很多。

工作上看重的是，要展現身為專業人士應有的「成果」。

在思考該怎麼做才能展現出成果時，只要知道太過忙碌只會帶來更多壞處，這就會成為你改變時間感的契機。

世上有許多厲害的人。

工作很忙碌。工作上展現成果，同時也都會保留時間用在自己的嗜好上，並時常玩樂。也都會保有充足的睡眠。

這種人活動力這麼強，讓人很納悶他是如何安排時間。

我試著向這種時間達人請教。

「你是如何攢出時間的？」

結果他給了我這樣的回答。

「我自己做的事，和自己不做的事，分得很清楚。如果是工作，能交給別人處理時，我就會交給別人，不會不乾不脆地往身上攬。在人際交往上也是，儘管別人邀約，我一樣拒絕，這種情形相當多。我就是靠這樣攢出時間的。」

原來如此，我原本認為此人是用驚人的專注力和精力去處理一切事務，但其實他擁有明確的選擇標準，徹底實踐「隱藏正向的訣竅」。

人是充滿欲望的生物。這個也想做，那個也想做，不斷產生這樣的念頭。

容易忙得不可開交的人，往往是好奇心強的人、一本正經的人、完美主義的人。

請這種類型的人尤其要留意「隱藏正向的訣竅」，擺脫窮忙。

將「忙碌」改變成「充實」

舉個例子，有人展開他最愛的旅行。

因為有很多地方想去，所以他排滿了旅行的預定行程。由於時間不夠用，他削減了睡眠時間。

像這種時候，會用以下這樣的表現方式嗎？

「哎呀，因為旅行太忙碌，我都沒什麼睡。」

如果是喜歡旅行，應該會用太沉迷、太投入這樣的表現來取代「忙碌」吧。

「哎呀，因為旅行太投入，我都沒什麼睡。」

另一方面，當排滿工作時又會是怎樣呢？

「哎呀，因為工作太忙，我都沒什麼睡。」

似乎有人常會這麼說。我以前也是。

「忙」這個字，不太會用在想做的事情上。說起來，算是對不太想做的事才會用這個字。

的確，「忙」這個漢字寫作「亡失了心」。

就算被喜歡的事、想做的事占去了時間，這時候也不會覺得「忙」，而是覺得「充實」。

感覺截然不同。

所以要是你覺得「忙」，那也許是你不想做的事。

覺得自己很忙時，不妨試著以冷靜的觀點重新評估吧。

在日本，過去曾經有一股風潮，將忙視為美德。

人們一直被洗腦「忙碌是好事」。

或許猛然回神才發現，自己也在不知不覺中得了忙碌中毒。

對「忙碌」進行細部分解

如果覺得「忙碌」，或許就是你重新評估時間的時機。

「忙碌」是整體的感覺。這種時候試著對「忙碌」進行分解，看到的景致會就此改變。

就以因製作資料而忙碌的時候為例，來加以解說。

將製作資料的內容做如下的分解。

〈思考〉「找尋類似的案例」、「驗證過去的成果」、「查資料」、「想出點子」、「將內容化為語言」、「將內容視覺化」……

〈行動〉「製作資料」、「吸引注意」……

像這樣對要素進行分解後，可以從中看出一些事。

原本隱約覺得「忙碌」的事情，或許可從中發現「喜歡的事」、「想嘗試的事」、「可能會沉迷的事」。

舉例來說，在製作資料時，我並不喜歡查資料，但我很喜歡想點子。

雖然會因人而異，但若能像這樣加以分解，從中發現想做的事，製作資料的時間價值就會產生很大的變化。「忙碌」這種情感中的一部分，會變換成「充實」的情感。另一方面，如果能發現自己可以不用做的事，這時就是「隱藏正向」的訣竅。

「馬上行動」不見得正確的原因

以「馬上行動的人」當主題的書，在出版界熱賣。

這表示有「工作累積」、「拖拖拉拉」這些問題的人相當多。

馬上行動的人，與工作能力強的人，幾乎是同樣的意思吧。

實際上，那些事業有成的知名大老闆，大多都是這種人。

經營UNIQLO的FAST RETAILING會長柳井正先生，在受訪時提到「即刻判斷、即刻決定、即刻執行」。

說到優秀的經營者為什麼能即刻判斷、即刻決定、即刻執行，那是因為他們平日一直在思考這些事，做好了準備。並非胡亂地即刻判斷、即刻決定、即刻執行。也不是憑直覺行事。

如果什麼事都馬上做，會沒做好準備就突然執行，以致做了不必要做的事，會有這樣的風險。

我曾聽朋友提過這麼一件事。

「公司的後輩一直認為『馬上就行動，代表工作能力強』，因而不管什麼都馬上去做。但因為貪快，做法顯得很粗糙。有時還會搞錯優先順序，或是事後非得一再訂正不可。到頭來，反而給周遭人添麻煩。為了幫忙善後，上司也被占用了不少時間。」

這就是對馬上行動有誤解的人。

也會有「不要馬上就行動比較好的時候」。

過去我和許多人共事過，但在「馬上行動的人」當中，有人對於「該做，還是不該做」「該現在做，還是之後再做」，完全不判斷，就這樣開始著手。理由是他認為「馬上行動很重要」。

此外，逼迫對方馬上作出判斷和決定，也有其風險。

因為在對方沒做好準備下逼迫，對方無法作出冷靜的判斷。

很可能在現場的情勢或一時的想法下，作出錯誤的決定，有這樣的風險。

像這種時候，**不當場作出決定，也有其必要。**事後再找時間以多種不同的觀點重新思考，這也很重要。常會因此察覺原本沒發現的部分。

請重新評估，看自己是否因為馬上行動，反而被奪走了時間。

52項時間縮短法清單

在本章的最後，將各種時間縮短法的點子列成清單，為各位介紹。

人生擁有的時間有限。為了增加人生中重要的「幸福的時間」（充實感、滿足感、快感、達成感、平靜感），必須提高其他時間的「生產性」。

人生中有無論如何都「非做不可的時間」（角色的時間）。

用來全力提升這種時間的效率，「讓時間縮短化」的方法，在此列出清單介紹。

人只要一忙，往往就會忘了時間縮短法的存在。請定期回頭看這張清單，加以活用！

52 項時間縮短法清單

①15分鐘全神貫注	專注力的維持法
②仔細製作待辦清單	將該做的事可視化
③徹底活用早上的時間	看準截止日效果
④不勉強自己硬記	刪除浪費的時間
⑤活動身體	為了提高生產性
⑥不追求完美	注意適度
⑦吃點心	為了提高生產性
⑧比起緊急度，重要度更為優先	確認價值
⑨保持好奇心的平衡	好奇心強的人什麼都想做。要刪除浪費的時間
⑩試著開始做就對了	為了提高生產性
⑪拒絕	減少浪費時間
⑫與目標無關的事要拒絕、閃躲	刪除浪費的時間
⑬細分化	提高解析度
⑭將雜事整合	為了提高生產性
⑮不過度細想	刪除浪費的時間
⑯自己想做的事要明確化	從終點來倒推思考
⑰製作自己的檢查表	無人機觀點
⑱學會自己的整理法	提高時間的生產性
⑲以週和月為單位，訂立自己的行動目標	從終點來倒推思考
⑳認識自己的時間慣用傾向	減少浪費的時間
㉑記錄自己的時間	將時間的浪費可視化
㉒知道自己的生產力	讓自己的能力可視化
㉓知道自己身體的狀態	提升時間的性能
㉔知道自己無意識的時間	減少浪費的時間
㉕讓自己理想的一天明確化	從終點來倒推思考
㉖重拾專注力	以第240頁起的方法提升專注力。提高生產性

㉗定期整理	避免時間被偷走
㉘採取單一任務	要提高專注力時
㉙關閉手機的通知	為了避免妨礙專注力
㉚不即時反應	為了確保能撥時間給重要的事情
㉛隨時訂下截止日	8・31效果
㉜戒掉電子設備	將會偷走時間的電子設備擺遠一點，或是遠離電子設備
㉝不整理	刪除浪費的時間
㉞巧妙加入「同時處理」	對單一任務覺得膩的時候
㉟不頻頻看新聞	刪除浪費的時間
㊱採取不易發睏的飲食生活	為了提高生產性
㊲提升判斷力	為了提高生產性
㊳別怪罪到別人頭上	刪除浪費的時間
㊴不認為不講情義是一種惡	無人機觀點
㊵延遲回信	打造出以自己為主的時間
㊶決定每天最優先處理的事項	從終點倒推思考
㊷交給別人處理	奪走別人的時間
㊸採取多樣任務	對單一任務覺得膩的時候
㊹巧妙地模仿	刪除浪費的時間
㊺郵件之類的回覆，統一處理	統一處理會有認真工作的感覺。時間的選擇
㊻控制好心理	減少浪費的時間
㊼決定好不做的事	刪除浪費的時間
㊽不做過頭	刪除浪費的時間
㊾製作自己專屬的使用手冊	藉由能力提升來提高生產性
㊿巧妙活用例行工作	為了提高生產性
(51)決定結束的時間	刪除浪費的時間
(52)留下空白預定	因應萬一的對策，保留餘力

試著以一天16小時來思考，而不是24小時

Column

對時間的認識有許多誤會，而當中最常會誤會的，就是以為一天有二十四小時。

當然了，單就時間來看，一天確實是二十四小時。

但就寢時間不算在活動時間內，所以實際能活動的是「二十四小時減去睡眠的時間」。

以我的情況來說，我想保有七小時的睡眠，而且睡覺前後會有三十分鐘的發呆時間，所以情況如下。

「二十四小時－八小時＝十六小時」

自己的一天，看你是要看作「十六小時」，還是「二十四小時」，對時間的感覺會因此改變。

Column

如果把一天當二十四小時來看，往往就會在工作上承接超出自己能負荷的工作量，行程排滿，或是削減自己的睡眠時間。

我自己在二、三十歲時，一天只睡四〜五個小時。總是將睡眠當作可調整的時間，削減自己的睡眠。

現在我知道睡眠不足有損健康，還會造成專注力下降，有不少害處，所以都改為以確保睡眠時間為前提來擬訂行程表。

一天是二十四小時，還是十六小時，這就像年收和扣稅後的淨收入一樣。

實際能使用的，是扣稅後的金額，同樣地，一天能使用的時間也是只有十六小時。一小時是一天的十六分之一。很重要的一小時。

自己的活動時間有幾小時呢，為了不白白浪費時間，有這樣的認知相當重要。

第6章

以專注力來增加時間

第6章的重點

重點1

不參考＿＿所用的方法。

重點2

專注力要以＿＿來創造。

重點3

專注與＿＿要相互搭配。

重點 4

發揮驚人專注力的「____法則」。

重點 5

以「____化」來加上執行力。

重點 6

提升執行力的「同時____」。

※解答參見第318頁。

欠缺專注力的人想出的專注力提升法

別學那些有專注力的人

我有位參加大學入學考模擬測驗，得到全國頂尖成績的朋友。

當時正為成績沒有長進發愁的我，向他問道「要怎麼做，成績才能提升呢？」結果他回答我說：

「白天時使出最大的專注力念書，這樣就算沒長時間念書，成績也會提升哦。」

仔細聽完後，我白天也很專注念書，所以晚上累得筋疲力竭，很早便上床就寢。

這時我領悟一個道理。

「啊~他和我原本資質就不一樣。」

我沒有他那樣的專注力。

我很快就會膩、想看電視、想和朋友聊天，也想看漫畫、想聽音樂。所以念書時都是做著某件事，「同時」念書。為了和朋友一起念書，跑到速食店去，時常也沒念什麼書，聊天就把時間耗完了。

我欠缺專注力。那位朋友專注力過人。所以他的方法不能套用在我身上。

在YOUTUBE和書本上，會介紹提升專注力的方法，但專注力這種事，就算將某人的意見照單全收，也不見得能同樣重現。

不過，還是很想擁有專注力……

因此，我學習各種提升專注力的方法，整理出「欠缺專注力的人適合的專注法」。

打造非專注不可的環境

明明有NETFLIX和AMAZON PRIME，卻還是專程到電影院看電影，這是為什麼？去電影院的人，他們的意識中應該是有「如果在電影院，能專注地看電影，會更加滿足」這樣的心理（當然了，這當中也有想早點看到這部作品的需求）。

電影播映時，不能看手機。也幾乎不能講話和吃東西。總之，能專注看電影的環境相當完備（或許只有去電影院約會另當別論）。

這給了我創造專注力的提示。

沒錯，**只要打造一個「此時此刻」非專注不可的環境就行了**。

舉例來說，我的做法如第242頁的表格。因遠距工作而能挑選工作地點時，為了在工作上發揮專注力，我找尋了各種方法。

我在自己家中工作用的辦公桌、公司的辦公桌，都只能專注一個小時左右，所以我活用各種場所，同時很自然地打造出能持續專注的循環。

另一方面，對我來說，辦公室是不太適合一個人專注的場所，所以我將它定位成和人討論的場所。

表格上寫的是我個人的做法，不見得適用於每個人。容易專注的環境會因人而異，所以請找出適合自己的場所，打造一個可用來提高專注力的環境。

柿內流的專注力提升法（括弧內是能進行的時間限制）

在浴缸裡思考（三十分鐘內）
它能專注，同時也有促進血液流通的效果。容易想出點子，也是泡澡特有的好處。
在咖啡廳辦公（一小時）
周遭有別人在看，而且有適度的嘈雜聲，反而能成為容易專注的環境。專注力大概一個小時就會用盡，要改移往其他店家。效率非常好，我常利用。
在電車內專注精神（一小時）
很適合寫郵件或思考的場所。尤其是站著的狀態，比起坐著，專注力更能持續。不過能做的內容有限。
邊思考邊跑步，或是散步（兩小時）
大力推薦。因為血流加速的影響，適合用來想點子、整理思緒等。邊想事情邊走路或是跑步（不過記得要慢），能維持專注力。想到什麼要記下時，可停下腳步記在手機中。
在家中陽臺專注精神（一小時）
擺一張戶外用的椅子，將陽臺當作戶外辦公室。比起在自己房間工作更能專注，所以我常利用。缺點是不適合天氣寒冷或炎熱的時候。
在廁所裡工作（十五分鐘內）
能專注精神，但時間一久，會坐到屁股疼。不適合超過十五分鐘以上，但短時間倒無妨。

專注與休息要相互搭配

有專注力的人，不會拖拖拉拉，**做事的時間與不做事的時間會區分清楚**。此外，**專注與休息要相互搭配**，巧妙活用。這個方法就算是欠缺專注力的人也能活用。

作家森博嗣在受訪中提到這麼一件事。

森先生在執筆寫作時提到，**他實際能專注的時間只有十分鐘**，十分鐘寫一千字後，他的專注力便會中斷。

當覺得膩了，或是疲憊時，他會先暫停寫作，做其他事。

做其他事的時間，會完全忘掉寫稿的事。這麼一來，就能重新振奮精神，再次專注在十分鐘的寫作中。

這是**專注與中場休息交互反覆，逐漸達成一天目標**的做法。

這種做法也是「專注力無法持續的人，用來專注精神的方法」。

人們的專注力能持續的時間，有人說是十五分鐘，也有人說是五十分鐘，但實際上，真正能專注的時間，以我個人來說，感覺是十五分鐘左右。附帶一提，要專注五十分鐘的情況，在這段時間裡，專注的程度會起起伏伏

如果明白專注的時間只能有十五分鐘，則森先生的做法相當合理。專注後，安插休息或是做其他事的時間，然後再重回專注。藉由如此反覆，最後便能有效率地使用時間。

附帶一提，如果不休息，一直持續工作，疲勞會難以消除，因此在疲勞累積的情況下，請巧妙地加進休息的時間。

在工作時，是自律神經中的交感神經（緊張）占優勢的時間。另一方面，在休息時，則是副交感神經（放鬆）占優勢的時間。這項切換要是進行得不順

利，疲勞和壓力會累積，導致身體出狀況。

如果做個「深呼吸」，就容易切換副交感神經占優勢的開關。除此之外，像「喝茶」、「嚼口香糖或軟糖」、「稍微活動一下身體」等，只要稍事休息，也能轉換開關。

此外，**在擬訂行程表時，也要納入休息時間**，這點我大力推薦。

思考要怎麼休息，也是件快樂的事。

到附近的公園接觸樹木。上屋頂看天空。出外買好喝的咖啡。加入這樣的休息預定項目，就會覺得快樂許多。

不過，每十五分鐘就要有一次休息時間，只要是待在公司，可能就不容易辦到。

像這種情況，不妨將「不用專注就能做的工作」插進休息時間中。

如果能插進「不用專注就能做的工作」，巧妙地切換開關，就能打造出高性能的時間。

請試著巧妙地加入適合自己的「不用專注就能做的工作」。

發揮驚人專注力的「8・31法則」

明明得製作討論用的資料，卻忙得沒時間製作。最後拖到討論當天一早提早一小時起床，趕在時間快到前製作資料。這樣便能發揮驚人的專注力，一個小時便完成資料。

各位是否有過這樣的經驗呢？

最後趕上了。

我稱之為「8．31法則」。

儘管暑假作業還有很多沒寫，但在八月三十一日這最後一天，展現驚人的專注力，還是寫完了（我就讀的學校，暑假最後一天是八月三十一日）。

發現這點後，我將「8．31法則」做最大極限的利用，擬訂行程表。

因為截止日快到了，所以「非專注不可」、「沒必要的事可以放棄」、「能只想著與目標有直接相關的事」（當然了，有時會因為物理性的質或量的問題而沒能趕上，所以「8．31法則」不是什麼都能套用）。

只要能意識到時間有限，就能更強烈的感受到時間的價值，更容易專注。

話雖如此，要是每天都是8月31日，精神上或許會吃不消。

如果要善加活用截止日效果，可在一天之中，**告訴自己「今天我想完成這件事！」設定截止日**，這樣覺得如何呢？

這時候需要的是「截止日的迫切感」。因此，要是能告訴自己「在非出門不可的時間前一個小時，要製作好資料。」「利用會議前一個小時的時間回信。」

像這樣決定好結束的時間，活用這個時機，應該能在決定好的時間內展現出成果。

在第204頁，我提到「在行程表中留下空白時間也很重要」。「8·31法則」與「留下空白時間」，或許感覺是相反的兩件事，但兩者都能好好活用，所以請視情況而定，加以分開使用。

提高執行力的「序幕化」與「混合化」

對目標設定樂趣

提高「執行力」也有助於增加時間。

話雖如此，和專注力一樣，要提升執行力也不是件簡單的事。因為人們對自己總是很寬容。

不容易遵守與自己的約定。

沒有自信能擁有堅定的意思。像這種時候，該怎麼做才好呢？

其實跟專注力一樣，多年來，我為了提高執行力，也是吃了不少苦頭。

我常會半途嫌麻煩，對自己太寬容。

在這樣的過程中，我找到了提升執行力的方法。

這方法就是我在第129頁介紹的「序幕化」。

序幕化是「將自己覺得痛苦或麻煩的事，當作『序幕』，而不是當『目的』」的這種想法。

序幕化不光能提高時間的價值，也能提升執行力。

具體該怎麼做，我會舉「養成跑步的習慣」為例來介紹。

過去為了健康，我想養成跑步的習慣，一再嘗試，但每次都失敗。

只要一忙，就以沒時間當藉口，冬天則以寒冷為由，一再失敗。

但現在我已能持續跑步（雖然跑得很慢），不再半途而廢了。已能一週跑三次！

之所以能持續執行，是因為我辦到了「序幕化」。

具體來說，要捨棄為了減肥或健康而跑步的意識。要將跑步當作是「為了能舒服泡澡的序幕」。

跑步→為了能舒服泡澡的序幕

「跑步完滿身大汗」，就能舒服地泡我最愛的熱水澡。那種舒服的感覺，會讓人忍不住想說一句「啊～真是人生最高享受！」

為了想得到這種泡澡體驗才跑步。如果這麼想，就不會覺得跑步是件苦差事。不，正確來說，是覺得「只要能克服這種痛苦的感覺，後面就有泡澡在等著我！」，所以痛苦就此成為舒服泡澡的序幕。

這就是**用來提升執行力的「序幕化」**。

只要這麼做，原本可能會失敗的事，也能持續下去。

尤其是先將序幕後的目標與「快感」、「舒服」產生連結，就更能巧妙地活用序幕化。

舉例來說，因為工作而非得做費勁的事情時。

「真討厭～」「壓力真大」「真想辭職」……會產生這些負面情感時，就要活用序幕化。

今天的工作很費勁時，要先設定工作後的「目標」。

「晚上要到我最喜歡的那家店吃甜點。」

「不在乎時間，盡情地看電影！」

要怎樣都行。

重點在於要決定好「目標」，把費勁的工作當作是達成目標前的序幕。

這與「給很努力的自己一個獎勵」這樣的想法很類似，不過主從關係要倒過來思考。

（主）痛苦的工作

（從）要吃我最愛的甜點當獎勵

不是像上面這樣，而是要有下面這樣的關係性。

（主）要吃我最愛的甜點

（從）痛苦的工作

這就是關係。

只要這麼想，費勁的工作便會成為用來得到最佳目標的好材料。

以序幕化來提升執行力！

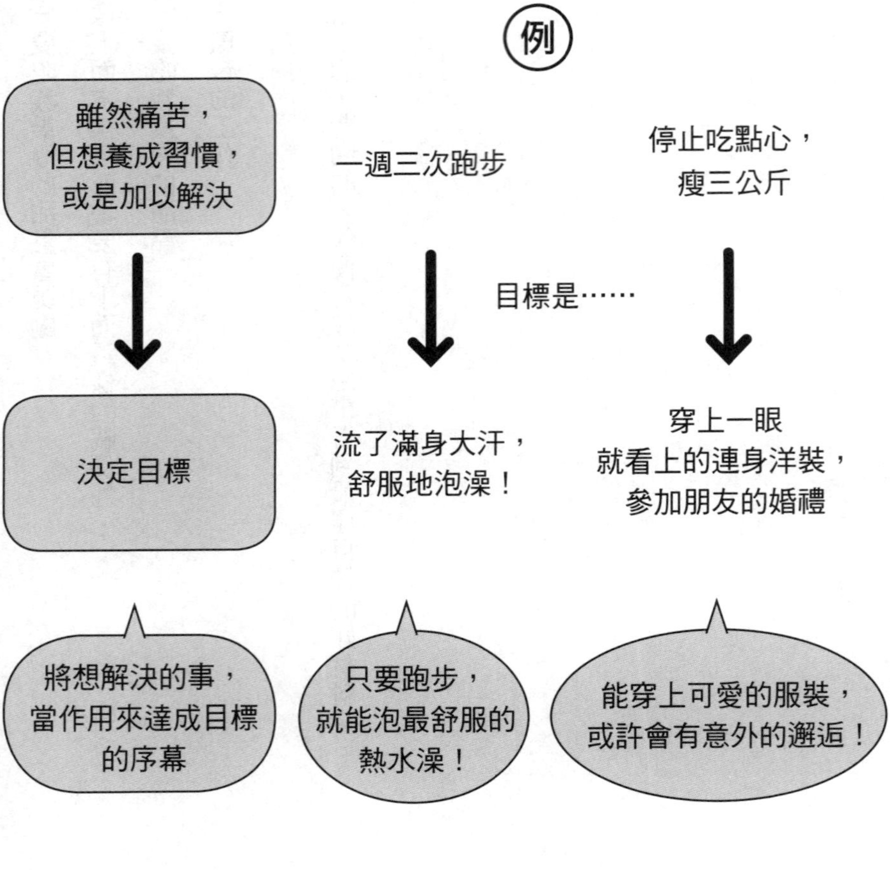
例
雖然痛苦，
但想養成習慣，
或是加以解決
一週三次跑步
停止吃點心，
瘦三公斤
目標是……
決定目標
流了滿身大汗，
舒服地泡澡！
穿上一眼
就看上的連身洋裝，
參加朋友的婚禮
將想解決的事，
當作用來達成目標
的序幕
只要跑步，
就能泡最舒服的
熱水澡！
能穿上可愛的服裝，
或許會有意外的邂逅！

以「同時正向」來遠離失敗

還有一個提升執行力的方法。那就是混合化。

這指的是對「一種行為」加上「多種含意」。

我持續跑步的另一個理由，是因為我給了跑步的時間這樣的含意。

跑步＝運動時間＋思考時間

在工作方面，平日有許多非思考不可的事。因此，將跑步的時間當作是「思考的時間」後，在跑步時就能思考許多新的點子或解決問題的方法了。

前面我說明過，大腦不適合多樣任務，但另一方面，**邊走路或是跑步，邊展開思考，有時反而會有正面影響**。

據說這是因為血路變得順暢，大腦就此活性化的緣故。

藉由混合化，可從平時因工作忙碌而沒時間跑步的生活改變思維，變成為了思考工作上的事，而非跑步不可。

就此成了「為了想出好點子而跑吧！」

混合化也就是「同時」做其他事。

就像一邊做家事，一邊「同時」做伸展操一樣，要積極地活用「同時」。

還有其他種將跑步混合化的方式。

跑步＝運動時間＋享受音樂的時間

跑步＝運動時間＋享受有聲書的時間

跑步＝運動時間＋夫妻聊天的時間

這樣的「同時」，就是「同時正向」。

「同時」會產生正向影響，也會產生負面影響。請巧妙地採納適合自己的「同時正向」。

痛苦的時間對自己來說，是難以感受到價值的時間，要將它當作是「同時」的時間，轉換成對自己有更高價值的時間。

第7章

為什麼會發生「想做的事往後延」這種情形呢

第7章的重點

重點1

人生中非重視不可的「創造＿＿＿」。

重點2

回憶＝＿＿＿的情感×＿＿＿的行為或體驗。

重點3

仰賴意志容易失敗，但如果能養成＿＿＿，就能變得例行化。

重點 4

要知道自己的＿＿＿時間是什麼時候。

重點 5

是「想做的事」還是「＿＿＿想做的事」，要分開來思考。

重點 6

沒有想做的事情時，要打造出「自己內心＿＿＿的時間」。

※解答參見第319頁。

讓人生變得無比多彩多姿的究極規則

認真思考如何創造回憶

全球暢銷書《別把你的錢留到死：懂得花錢，是最好的投資——理想人生的9大財務思維》（比爾·柏金斯著）就像它的副標題所寫的，裡頭提到用來讓人生變得豐富多彩的想法和方法。

當中有這麼一句話。

「人生中最為重要，非做不可的工作，就是創造回憶。因為最後你能留下的，就只有它。」

當初我在讀這本書時深感認同，心中暗呼，有道理，說得一點都沒錯。

所謂的回憶，是「過去自己遭遇過的事」。但當中有的化為回憶，留在我們的記憶中，有的則是完全不記得。

人的一生中能創造出多少回憶呢？

「艾賓浩斯遺忘曲線」顯示出人們隨著時間經過，會忘掉多少事。

根據這個原理得知，人們在記憶某件事情時，會是如下的情形。

艾賓浩斯遺忘曲線

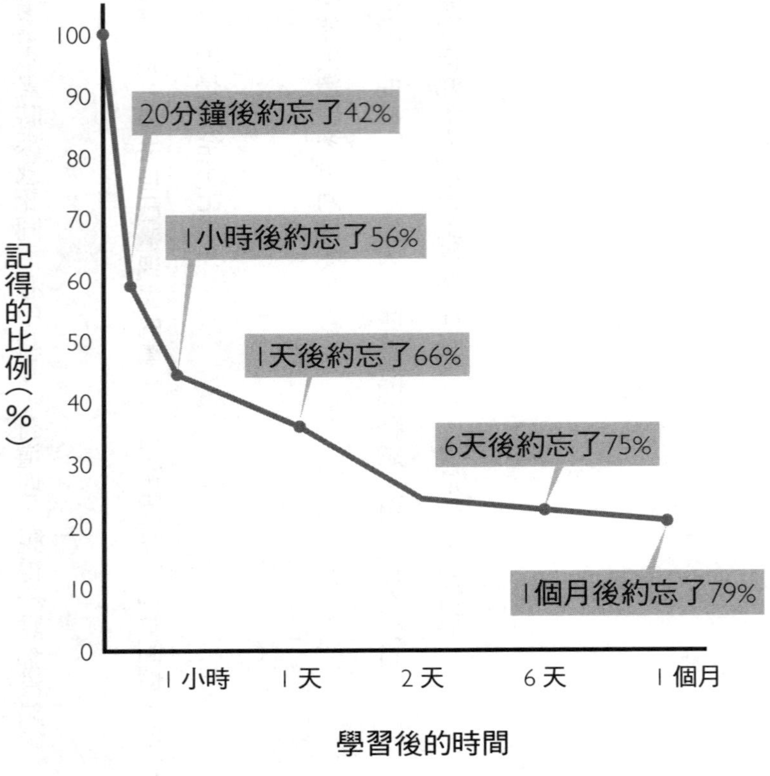

100
90
80
70
60
50
40
30
20
10
0
記得的比例(%)
20分鐘後約忘了42%
1小時後約忘了56%
1天後約忘了66%
6天後約忘了75%
1個月後約忘了79%
1小時
1天
2天
6天
1個月
學習後的時間

事實上，也有打從一開始就不記得的事，所以大部分的資訊都屬於「遺忘的一方」。

在大部分的事都遺忘的情況下，能留在記憶中的「回憶」，真的很不簡單。

說起來，「一直存活到現在，從時間中被選出的隊伍」，就是回憶。

那麼，又是什麼會被選出呢？

那是「**情感受到震撼、印象深刻的行為或體驗**」。

回憶＝強烈的情感╳印象深刻的行為或體驗

「強烈的情感」╳「印象深刻的行為或體驗」，並非全是自己認為正向的事，當中也包含了負面的事。

我祖母在過世前幾年，總是談到戰爭時代的過往。因為戰爭時悲傷的記憶、努力求生的記憶，都強烈地深植在祖母心中。

強烈的情感與印象深刻的行為或體驗，創造出無法遺忘的回憶。

而另一方面，也能刻意創造出美好的回憶。

那是留意構成回憶的「強烈的情感」×「印象深刻的行為或體驗」，加以擬訂計畫，展開行動。

這時候有個訣竅。那就是「鎖定範圍」。

知名的金曲製作人秋元康先生，曾說過這麼一句話。

「沒有會讓人印象深刻的什錦便當」

意思是說，東拼西湊，裝得滿滿，不容易讓人留下記憶。

的確，試著回顧我自己的記憶，很明白這句話的道理。

會牢記腦中的事，不是雜七雜八一大堆，而是單一件事。

舉旅行為例。

如果想留在記憶中，就會「鎖定範圍」。儘管「這個也想做，那個也想做」，許多都想嘗試，但首先要**鎖定一個旅行最優先的目的**。

去吃一家非吃不可的拉麵店。

以前和重要的友人一起去過的那個地方，要再次造訪。

去看之前一直想看的佛像。

鎖定範圍後，就容易展開一場充滿回憶的旅行。

「做自己想做的事」，也是容易留下回憶的行為。

因為想做的事原本就包含了作為回憶重要基礎的兩大要素——「強烈的情感」×「印象深刻的行為或體驗」。

將「持續」改變成回憶

「想做的事」可分成「想試著做一次的事」和「想持續做的事」。

就算只有一次也好，好想現場看《蒙娜麗莎的微笑》。

好想去看大聯盟的比賽。

這些都是想試著做一次的事。

想試試看鄉村生活。

想開始打高爾夫。

這些則是想持續做的事。

回憶也是同樣的構造。

「只有一次的行為或體驗」會成為回憶，而「持續的行為或體驗」也會成為回憶。

持續的行為或體驗成為回憶時，感覺就像細微的情感逐漸累積變成「強烈的情感」。

舉例來說，學生時代通勤多年的道路，會成為記憶深刻的場所對吧。這通勤走的路，並非只是因為會走路會經過就成了回憶，而是那個時代的種種情感累積，造就出「回憶」。

此外，像「每天早上跑步」、「長年持續學英語」等等，**長年的習慣也能變成回憶**。那不是每一次跑步的記憶，而是作為「持續習慣」的回憶。

要將習慣轉變成回憶時，重要的是發現其價值。處在無意識下，習慣就會覺得很理所當然。正因為這樣，**需要有意識的「察覺」**。

工作上記錄的日誌、定期會議、平日的下廚做菜、打掃，如果能從中發現價值，就會是轉變成回憶的素材。

那麼，要養成持續的習慣，該怎麼做才好呢？

了解時間與自己的相適性

那是某個星期天傍晚的事。

「啊，我上網打混，結果一轉眼就傍晚了。今天放假，原本想去看電影，也想處理一下工作，有許多想做的事，但最後什麼也沒做成，就這樣白白浪費了時間……」

應該有人有過這樣的經驗吧。

儘管心裡想要減少浪費時間，但想法與行動卻難以一致。

是因為意志力薄弱嗎？

這或許也有可能。但**要讓意志力增強相當困難**。話說回來，意志力強的人應該不多吧。

那麼，該怎麼做才好呢？

作家村上春樹先生的日常生活給了提示。

據說村上春樹先生每天的生活習慣都固定。

一早起床。

上午寫作。

下午午睡、聽音樂、看書。

每天約一個小時的時間外出運動。

聽說他長年持續這種習慣（出自《身為職業小說家》）。

為了改掉拖拖拉拉的毛病，持續建立應該維持的習慣。

仰賴意志力容易失敗，但如果能養成習慣，就會成為例行事務。

把想做的事、想持續的事養成習慣，這是成功的祕訣。

不過，要養成習慣並非一蹴可幾。那麼，該怎麼做才好呢？

為了養成習慣，要注意的是「**時間與自己的相適性**」。

星巴克的前執行董事長霍華．舒茲、蘋果的CEO提姆．庫克等**知名的大老闆，很多都是早晨型的人**。

早晨是生產性高的時間，所以早上起床活動，也符合人們的生理性，而且早晨的時間具有截止日效果，能度過生產性高的時間。

我也很憧憬早晨型的人，過去也曾多次想改成早晨型。

但試了幾天，最後總是失敗收場。

為了改成早晨型，我特地早睡，但早上還是一樣起不來。搞到後來，覺得自己好像很沒用。

後來調查得知，早晨型和夜貓型是生理時鐘的差異所造成。操縱生理時鐘的是遺傳基因，是因為**遺傳基因的差異，而決定你是早晨型還是夜貓型**。

CYBERAGENT的社長藤田晉先生，在他的著作中提到他對工作時間的看法，他說**「只要將工作對準我認為最好的時間就行了」**。

在這樣的想法下，他公司的上班時間也從早上九點改為十點。

原因是新進員工多，而且熬夜的人多，要是一早搭擁擠的電車，帶著一身疲憊上班，反而生產性不佳。

據說自從改成十點上班後，員工們上午時的表情都充滿朝氣。

這也是考量到「最佳時間」的結果。（出自《人們不像自己期待的那樣關注自己，但也不像自己感到失望的那樣忽視自己》）

人們有自己認為的黃金時間。

舉例來說，聽說低血壓的人往往早上比較虛弱。

有適合早晨型的人，自然也會有適合夜貓型的人。

有上午能專注的人，也會有傍晚專注力較高的人。

你是否發現自己的黃金時間呢？

如果還沒發現的話，建議你展開驗證，看看哪個時間適合自己。

附帶一提，不光黃金時間，每個人都各自有性能低落的時間、適合運動的時間、適合思考的時間。配合自己最適合的時間來安排預定計畫，會更容易養成習慣。

為什麼會將「想做的事」往後延呢？

「想做的事」和「模仿想做的事」

以前有人說過這句話。

「我有我的夢想，但因為現在很忙，沒時間挑戰。等日後我有時間，我想挑戰那個夢想。」

聽到這句話時，我心裡發出一聲「咦？」大感納悶。

夢想這種東西，會因為忙碌就往後延嗎？

我試著用辭典查「夢」這個字的含意後，發現一件有趣的事。

「**夢**」（出自《數位大辭泉》）

①將來想實現的事

②遠離現實的幻想或快樂的想法

（第一個含意寫的是睡眠中所作的夢，在此省略）

夢這個語詞，看你是在①的含意下使用，還是在②的含意下使用，意思會截然不同。簡單來說，①是「認真想加以實現」，②是「憧憬」。

儘管有夢卻往後延，無法加以實現，因為是在②的含意下使用夢這個字。

僅只一次的人生。有限的時間。

認真想實現夢想的人，早已朝夢想展開行動（或是為了行動而準備）。

之所以還沒朝夢想展開行動，有可能是在無意識下以②的含意來看待夢想。

在②的「憧憬」含意下使用的夢想，或許要與①作個區隔，稱之為「模仿夢想」比較合適。

以前我曾聽醫生提過與臨終醫療有關的話題。

「迎接人生終點到來的人，在回顧自己人生時，常會感到後悔的事，就是**『想做的事，當初要是能先做就好了』**。

這是許多人都會提到的後悔事項。附帶一提，幾乎沒人會說『要是能多做點工作就好了』，而對此感到後悔。」

既然會後悔，只要事先做就行了，這是再明白不過的事。但能做好自己想做的事，這樣的人似乎出奇得少。

人們為什麼不做「想做的事」呢？

我自己也不是想做的事全部都能做到。

為了找出答案，我試著觀察「做自己想做的事」與「沒辦法做自己想做的事」這兩種人，進而得知幾個共通的傾向。

將想做的事往後延的原因之一，其實是因為「沒有那麼強烈想做的意願」。**雖說想做，但大概是「想做＝要是能做到就好了」這種感覺。**如果以夢想來說的話，大概就像②的憧憬那樣的感覺。

而另一方面，能做自己想做的事，這樣的人大部分都擁有「我打從心底想做！」這樣的情感。

如果不做就渾身難受。

在想做的事情中，有的會付諸行動，有的不會，這當中的差異是**想做的程度差距**（認真度的差距）。

就算心裡想「好想看這部電影啊」，但又會分成實際會去看的電影，以及不會去看的電影。

就算心裡想「好想去夏威夷」，但有人實際會去，有人不會去。

這就是「想去（想做）的程度」差異。

有無論如何都想看的電影，就去看。有無論如何都想去的旅行，就出門上路（有時也會因為事出無奈，而無法做到）。

雖然以為是自己想做的事，但其實不是真那麼想做。想做的程度沒那麼高。真要說的話，這算是「**模仿想做的事**」。

因此，為了不讓想做的事往後延，首先得清楚看出是「真的想做的事」還是「模仿想做的事」。

想做的事

真的想做的事

例）
- 獨立創業
- 買房子
- 結婚

模仿想做的事

例）
- 去看極光
- 建立 YOUTUBE 頻道

就算做不到，也別否定自己

希望各位別誤會，我並不是強烈地鼓吹「夢想就應該要實現！」「有想做的事，**全部都要去做，這才是人生！**」

「夢想」或「想做的事」，就算其實是「模仿夢想」或「模仿想做的事」，沒能做到，那也無妨。

我之所以推薦要看清這兩點，是為了不要否定自己。

「我明明有想做的事，卻一再往後延，我的意志力真是太薄弱了。」

「周遭人都在實現他們自己想做的事，但我卻無法做自己想做的事。我真是個沒用的人。」

有這樣的人對吧。這沒什麼好隱瞞的，我原本也是這樣。

「柿內，你想做的事是什麼？」「為什麼不更積極地去做你想做的事呢？」

周遭人一再這樣對我說。

我就此心想「我為什麼無法實現自己想做的事。我也太沒用了吧」，而責備起自己。

但某天我突然發現一件事。

未必「做自己想做的事＝幸福」。

撂下豪語，說自己只做想做的事，這種人看起來似乎活得很痛苦，要不就是滿腹牢騷。

而另一方面，說自己沒什麼特別想做的事，這種人往往都過得很幸福。

做自己想做的事≠幸福

明白這個道理後，想做的事非做不可的這種強迫觀念就會消失。就算將想做的事往後延，也沒必要責備自己。

有時會在不知不覺間，內心被「想做的事非做不可」的這種想法侵蝕。

真正想做的事，不是勉強自己去創造出來，而是自然而然地產生。

不過，如果你現在「想找件事做」，有個方法可以慢慢將「模仿想做的事」培育成「想做的事」。

就從下頁開始介紹這個方法吧。

將「模仿想做的事」培育成「想做的事」的方法

培育「想做的事」的三個箱子

能將想做的事付諸實行的人，其共通點我在前面也提過，就是「認真度」。

如果沒錢，就要為存錢展開行動。

如果是工作忙碌，就要提升工作的生產性。有些人甚至會辭去工作去做自己想做的事。

但如果不是「想做的事」，而是「模仿想做的事」，那又該怎麼做才好呢？

要將「模仿想做的事」培育成「想做的事」，要從「區分模仿想做的事」

開始做起。

請將「模仿想做的事」分成大、中、小三個箱子（雖說是箱子，但並非真正的箱子，請在腦中想像）。

將「模仿想做的事」培育成「想做的事」的方法

1 將想做的事全部寫下來

請試著將想做的事寫在筆記本、手機上。不論大事還是小事，只要是想做的事，全部都寫下。

舉例來說，像「想去吃人氣拉麵店」、「想去看蔚為話題的電影」、「想舉辦同學會」、「想在工作上想出新的企劃提案」、「想去阿拉斯加看極光」、「想創業經營公司」、「想在YOUTUBE上建立頻道」、「自己支持的球隊比賽，希望一年能到現場看十場比賽」、「想養狗」、「想學英語會話」、「想和久違的朋友一起喝酒」……。

在此，請不要思考想做的事程度有多高。總之，只要想做，就全部寫出來。

2 將想出的事分成三個箱子

請將寫出的事分成「（大）箱子」、「（中）箱子」、「（小）箱子」。

㊀大箱子（時間上算是未來的事）

未來如果可以，想試試看的事

例）想去阿拉斯加看極光
　　想創業，經營公司

㊥箱子（數月～數年間的事）

雖然無法馬上辦到，但準備想在不久的將來嘗試的事

例）想舉辦同學會
　　想養狗

㊀小箱子（一個月以內的事）

有可能馬上展開行動的事

例）想去人氣拉麵店用餐
　　想和久違的朋友喝酒

請在「大箱子」裡裝進未來如果可以，想要嘗試的事。「中箱子」裝進現在沒辦法馬上做，但準備想在不久的將來嘗試的事。「小箱子」裡裝進馬上就能展開行動的事。

裝在「大箱子」裡的項目，可以暫時就維持這樣。由於時機尚未成熟，所以先放進箱子裡。

另一方面，放在「小箱子」裡的事，請儘快加進行程中。如果覺得「還不至於安排進行程中」，或是不會付諸實行，就表示「不是那麼想做的事」。請將這個項目從想做的事情中刪除。

這個區分當中，最重要的是「中箱子」。放進「中箱子」裡的事，要從「模仿想做的事」培育成「想做的事」。

為什麼「中箱子」這麼重要呢，因為要是**刻意實行中箱子裡的事，你自己就會漸漸變成「想做什麼就會去做的人」**。

我稍微解說一下。

大箱子（現狀是模仿想做的事）是與現在的自己距離太遠，還沒做好實現的心理準備，處於這樣的狀態。

小箱子是現在馬上就能做的事。如果馬上就能做，卻不去做，這表示不是認真的，可加以捨棄。

中箱子的現狀或許是模仿想做的事，卻是在實現的射程範圍內的一種模仿。只要刻意去做放在這箱子裡的事，便能鍛鍊「實現力」。

話雖如此，有時中箱子裡的事也會一直擺著不去做。

因此，要向自己拋出以下的提問。

放在中箱子裡的項目中，哪一個是「如果不做，我死的時候可能會後悔」的事？

如何？

舉例來說，我很喜歡咖啡，一直想去全國的各家咖啡名店光顧。這算是中箱子。但如果我辦不到，死的時候大概也不會覺得後悔。

而另一方面，我一直想自己寫一本書。這也算是中箱子，要是一直不做的話，我死的時候一定會後悔，所以要付諸行動。

就像這樣，進一步對中箱子的內容進行區分。

而死的時候會感到後悔的項目，請付諸實行。只要持續這麼做，「模仿想做的事」就會漸漸變成「想做的事」。

想做的事
㊥箱子

- 想舉辦同學會
- 想構思新的企劃
- 想建立YOUTUBE頻道
- 想看棒球比賽
- 想養狗

↓ 進一步對中箱子進行區分

不做的話，死的時候會後悔的是哪一個？

後悔

- 想舉辦同學會
- 想看棒球比賽
- 想養狗

將它加進行程中，
具體實行！

不後悔

- 想構思新的企劃
- 想建立YOUTUBE頻道

如果沒有「想做的事」，大可不必勉強去尋找

「內心歡愉的時間」的打造方式

前面提到有想做的事該怎麼處理才好。也介紹了將「模仿想做的事」培育成「想做的事」的方法，不過，也有人想不出自己想做什麼。

不是由衷期盼的事，沒必要勉強自己去做。人生並非只為了做自己想做的事。人生沒那麼長，可以讓你勉強自己去做不想做的事。

如果你沒有想做的事，打造「內心歡愉的時間」也是個方法。

「悠哉放鬆的時間」

「散步的時間」

「與家人、情人、朋友聊天的時間」

「專注在工作上的時間」

就像這樣，有各種「內心歡愉的時間」。

請試著想像一下自己的人生擁有許多內心歡愉的時間。那應該會是很幸福的人生吧。

如果以「內心歡愉」當指標，或許就會發現，其實在日常生活中就已經有很多這樣的時間。

內心歡愉的時間與第53頁提到的「五種感覺」（滿足感、充實感、達成感、快感、平靜感）有緊密的關聯。

例如像下面這樣的感覺。

- 吃美食▽滿足感、充實感
- 在工作上得到新客戶▽達成感、滿足感、充實感
- 泡到自己一直想去的溫泉▽快感、平靜感、達成感
- 家人一起去露營▽充實感、平靜感
- 和朋友盡情暢談▽滿足感
- 看海喝咖啡▽平靜感

內心歡愉的狀態，就是感受到這五種感覺其中一種的狀態。請留意這「五種感覺」，打造出內心歡愉的時間。

把內心歡愉的時間寫下的方法

寫下自己採取了怎樣的行動，看這行動算是五種感覺中的哪兩種，試著套入，這樣便能真切感受到自己的時間價值。

這一週內做過的事	五種感覺（滿足感、充實感、達成感、快感、平靜感）
例）吃了〇〇的午餐	滿足感、充實感
開拓客源	達成感、滿足感、充實感
和朋友一起玩樂	平靜感、充實感

Column

重新認識回憶的「點亮走馬燈」

「在臨終的時候，有個短暫的時間會看到自己的人生像走馬燈一樣。」

我曾聽過這樣的說法。

這種時候看到走馬燈是什麼情況，我不清楚，但我們可以將自己的人生想像成像走馬燈一樣。

如果此刻就是你臨終前的瞬間，你覺得自己會看到怎樣的人生走馬燈？

想像走馬燈時出現的記憶，就是自己的「回憶」。

試著寫下走馬燈後，自己遺忘的記憶，和明明很重要，但過去卻一直沒察覺的記憶，或許也會陸續出現。

「點亮走馬燈」是確認自己回憶的方法。

原來發生過這樣的
事、那樣的事啊。
真是美好的回憶。

最終章

如果這就是人生的最後

如果人生中只能再吃最後三十次咖哩飯……

如果這是人生最後一次〇〇……

聽說史蒂夫・賈伯斯每天早上都會問鏡子裡的自己。

「如果今天是人生中的最後一天，我打算做什麼？」

藉由這樣詢問，來告訴自己現在該做什麼。

人的時間有限。儘管明白這個道理，但要留意這點面對人生，可沒那麼簡單。

有句話叫「一期一會」。

原本是用來表示對茶道的體悟，意思是說，每一場茶會一生都僅只一次，因此竭誠款待客人非常重要。

不論是人，還是時間，都是一期一會。無可替代。

舉例來說，假設夫妻吵架後，沒和好就這樣出門上班。有可能從此再也見不到面。

為了不留下這樣的懊悔，要抱持「**全力把握當下**」的心情。

賈伯斯的那句話，指的也是這種情形。

話雖如此，如果抱持「可能不會有明天」這種心態過日子，未免也太苦了。

因此，輕鬆一點看待如何？

如果這是人生最後一次〇〇……

〇〇裡頭可以套用「在這家店吃午餐」、「搭這班電車通勤」、「和這個人說話」……

今天見面的人，也許再也見不到了。

也許再也不會來這家店。

像這種事，過去也常發生。

「以後還有幾次能看到櫻花？」

也有人會思考這樣的問題。

仔細想想，在日本人當中，目睹春天盛開的櫻花，超過一百二十次花季的人，一個也沒有。

如果今年六十歲的話，照日本人的平均壽命來看，要繼續四十次花季看到櫻花，有機會達成的人少之又少。照這樣來看，就會覺得每年看到的櫻花彌足珍貴。

雖然還不至於到「人生最後的〇〇」的程度，但能試著想成「如果還只剩〇次的機會」。

舉例來說，如果人生中只能再吃最後三十次咖哩飯的話。吃一次咖哩飯的時間，會變成「一食入魂」。會邊吃邊細細品嘗對吧。當然了，想必不會邊吃邊看手機或電視才對。

我有時會想起高中畢業典禮當天。

與許多同學離別的時刻。

「後會有期！」自從說了這句話道別後，便再也沒見過的同學相當多。當時完全沒想過日後再也不會見面。

以前我見一位臨終規劃的專家，他說了這麼一段話。

「與年紀無關，自己的生命也許明天就會結束，而抱持這種想法面對人生的人少之又少，大部分人就算年事已高，也覺得自己不會太早死。因此，要讓人們知道臨終規劃是馬上就得做的事，相當困難。」

大部分的「最後一次」，在發生時往往都不知道。

要真切感受到時間增加很困難

而另一方面，雖說時間有限，但以平均值來看，人生的時間明顯增加。日本人的平均壽命推移如下。

1955年 男性63.60歲 女性67.75歲
1990年 男性75.92歲 女性81.90歲
2019年 男性81.41歲 女性87.45歲
2040年（推測） 男性83.27歲 女性89.63歲

比較1955年與2019年會發現，男性多活了17.81歲，而女性多活了19.7歲。

不過，活在現代的人，也許強烈有一種「時間不夠的感覺」。

根據「精工錶白書2020」的統計，覺得「時間少、不夠」的人，占整體的51.2%。而覺得「被時間追著跑」的人，占60.7%。

因為在1950～80年代找不到能和這個數字比較的調查，所以無法作正確的比較，不過，在高度成長期～泡沫經濟期這段時代，日本人很賣力工作。長時間工作是理所當然，週休不到兩天的公司也相當多。而另一方面，平均壽命也短。

如此一來，當時的人「自己擁有的時間」遠比現在還少。但現代人有六成都覺得自己被時間追著跑，所以與時間長短無關，現代人強烈覺得時間不夠用。

已無法重回往日時光

雖然時間增加了，但另一方面，時間不斷過去，如果被問到，自己的時間是否過得滿意，卻又無法很有自信地說是。

這應該是許多現代人共通的情感。

松任谷由實小姐寫過一首名曲《想回到那一天（あの日にかえりたい）》

（正確來說，是她在荒井由實時代發表的曲子）。

或許每個人都會想重回那個時代。

不過，已經回不去了。所以才想回去。

時間總是一去不復返。

此刻這個時間，一直都是「最後的此刻」。

我們一直都活在「最後的此刻」。

現在看到的櫻花，與明年看到的櫻花是不同的櫻花，而現在吃的咖哩飯，

與下次吃的咖哩飯，也是不同的咖哩飯。

只是我們向來不太會意識到這點。

如果想意識到時間的重要性，就要刻意思考「如果這是最後一次」。

想到「如果這是最後一次」，是不是會覺得時間用來發牢騷很浪費呢？就算是麻煩的工作，只要心想「這是最後一次」，或許就能用不同的觀點來看待。

對時間會採用肯定的觀點，而不是否定的觀點，「時間肯定感」就此提高。

擁有許多書迷的麥克．安迪（MICHAEL ENDE）的知名小說《默默》，當中有一段文字提到。

「因為人們要如何安排自己的時間，非得由自己來決定不可。所以就算要保護好時間，不被人偷走，也非得自己來不可。」

為了要讓時間歸自己所有，加以細細品味，請意識到「如果這是最後一次」，好好面對時間。

終章

在都市生活的青年，再度到南島旅行。

青年一樣工作忙碌，這次他同樣帶著筆電，在南島的海灘上工作。

這時，之前遇過的那名島上的少年前來。

少年「大哥哥，我們又見面了。你在這裡做什麼？」

青年「因為工作很忙，所以我在這裡工作。」

少年「你還是一樣辛苦呢。大哥哥，你之前說過，你這麼努力工作，是因為想在南島生活對吧？」

青年「我現在想法改了。我之所以認真工作，是因為工作變得快樂。我從工作中感受到滿足感和充實感，所以才工作。而且能在這樣的藍天下工作，可說是最棒的環境。我專注工作十五分鐘，然後抬頭看天空。這樣會覺得心情無比暢快，又能專注在工作上。能在這麼美好的環境下工作，真的是太棒了！」

少年「你已經放棄在南島生活了嗎？」

青年「其實我已決定三年後要搬來南島，現在正朝這個目標具體擬訂計畫。以前我就只是覺得想在南島生活，但現在在南島生活已清楚變成『想嘗試看看』的想法，所以我開始具體擬訂計畫。」

少年「這樣啊，真教人期待呢。」

青年「我之所以會有這樣的想法，也是因為之前在這座海灘上遇見你。我之所以能改變，也是你的功勞。真的很謝謝你。三年後，我們在這座海灘上再見吧！」

我試著對書中的重點進行歸納。請加以影印或是拍照，善加活用。心中產生迷惘時，請記得回頭看。

- 人生有「四種時間」。
- 人生中特別重要的，就是增加「幸福的時間」。
- 時間的沙子，在此刻同樣不斷落下。

- 思考時間，就是思考人生。
- 對時間的煩惱，大致可分成三種。
- ①「無法度過滿足的時間」的煩惱
- ②「忙到時間不夠」的煩惱
- ③「不知該怎麼選擇時間」的煩惱

- 過度忙碌會逐漸消除記憶。

- 比起特別的每一天，更該追求完美的一天。
- 製作時間分配。
- 五種「感覺」會促成幸福。滿足感、充實感、達成感、快感、平靜感。
- 人生的「剩餘時間」與「剩餘時間的感覺」完全不同。
- 印象時間過得會比想像中還要快。
- 幸福的時間是三兄弟。
- 多巴胺類幸福的時間

- 血清素類幸福的時間
- 催產素類幸福的時間

- 以「時間複利的法則」來改變時間的價值。
- 讓人開心，自己也開心。
- 到頭來，「為了某人好」，其實也是為自己好。
- 擁有「無人機觀點」，時間的價值會就此改變。

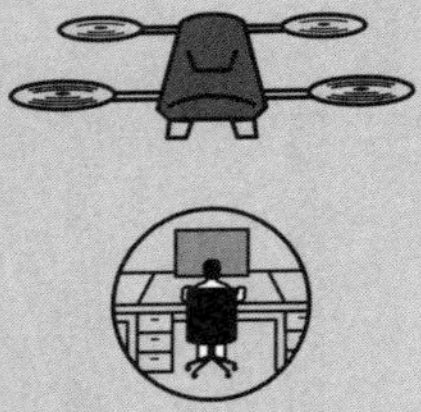

- 人生近看是悲劇，遠看則是喜劇。
- 金錢的用法除了「消費」、「投資」、「浪費」外，還有為了幸福而花錢的「幸費」。
- 長時間持續的幸福，其重點在於「狀態」。
- 無意識會逐漸消去時間。
- 將單一任務和多樣任務分開使用。
- 練習不讓時間白白流逝。
- 情感的紛亂是時間的大敵。
- 時間本身並沒有「浪費的時間」。
- 會覺得這段時間浪費，或是覺得沒浪費，都在於你自己的一念之間。

- 時間的「含意轉換」會成為人生的武器。
- 讓時間的價值可視化。
- 將浪費的時間從行程表中刪去的技巧。
- 將時間的價值化為語言。
- 將時間歸自己所有的技術「化為以自己為主」。
- 有「以自己為主的時間」與「以對方為主的時間」存在。
- 如果生活是以對方為主，抱怨就多。
- 將時間歸自己所有的技術「序幕化」。
- 將時間歸自己所有的技術「終章化」。
- 如果想要縮短時間，就要讓自己不容易去留意到時間的經過。

- 如果想悠哉地度過時間，就要增加留意時間的次數。
- 以「白紙」的狀態來看世界，那麼世界看起來會變得不一樣。

- 人常常彷彿活在當下這個瞬間裡，卻又無法真正地活在當下。
- 「讓當下變得充實」，就是活在當下。
- 重要的不是「日後」，而是「現在」。
- 今天一整天是一張「白紙」。
- 在《海螺小姐》裡登場的鰹，他的時間選擇標準向來很明確。

- 人一天會進行三萬五千次的選擇。
- 不是以喜不喜歡來選擇，而是要作出讓自己不會後悔的選擇。
- 「選擇」這樣的決定，與「不選擇」這樣的決定，互為表裡。
- 對選擇的事物展開「價值強化」。
- 做是一種選擇，不做也是一種選擇。不管選擇哪一個，都不要後悔。
- 決定選擇標準的七個觀點。
- 會不會後悔／體驗價值高不高／是否遵從身心的聲音／幸福度高不高／有沒有投資價值／能否讓人喜歡／會不會心裡舒坦
- 「情感」會阻礙選擇。
- 儘管心裡想還是別這麼做比較好，但還是忍不住會做。明明心裡想還是別買比較好，但最後還是忍不住買了。人就是會這麼做。
- 我們該控制的不是所有情感，而是反應。

- 人生是由擬訂的預定計畫所組成。
- 記事本是設計人生的工具。
- 不是管理行程，而是要加以設計。
- 先將「幸福的時間」和「投資的時間」加入行程表中。
- 記錄時間簿，讓時間得以可視化。
- 「等我有時間」的這種時間，一直都沒出現。
- 用來擺脫忙碌的「隱藏正向」的訣竅。
- 忙碌會降低生產性。
- 「馬上行動」不見得一直都正確。
- 灌輸欠缺專注力的人適合的專注法。
- 專注與休息要相互搭配。
- 發揮驚人專注力的「8．31法則」。
- 要以「序幕化」來獲得執行力。
- 要以「同時正向」來提升執行力。
- 人生中最該重視的，就是「創造回憶」。

- 一直存活到現在，從時間中被選出的隊伍，就是回憶。
- 沒有會讓人印象深刻的什錦便當。
- 將習慣轉變成回憶。
- 仰賴意志力，容易失敗，但如果能養成習慣，就會成為例行事務。
- 了解時間與自己的相適性。
- 區分是「想做的事」還是「模仿想做的事」，以此展開思考。
- 未必「做自己想做的事＝幸福」。
- 培育想做的事的三個箱子。

- 人生沒那麼長，可以讓你勉強自己去做不想做的事。
- 如果你沒有想做的事，要打造「內心歡愉的時間」。
- 重新認識回憶的「點亮走馬燈」。
- 試著思考「如果這是人生最後一次〇〇」。

【各章重點回答】

第1章

①人生的時間是由「四個時間」構成。

幸福的時間　投資的時間　角色的時間　浪費的時間

②五種「感覺」創造出幸福的時間。

滿足感　充實感　達成感　快感　平靜感

③光是製作出「時間的分配」，行動就會改變。

④就算每天都不是很特別，一樣可以打造出完美的一天。

⑤人只要處在無意識下，就很難注意到幸福的時間。

⑥人生的「剩餘時間」與「剩餘時間感覺」完全不同。

第2章

①幸福的時間是三兄弟。

多巴胺類的幸福時間　血清素類的幸福時間　催產素類的幸福時間

②用來改變自己的時間複利法則。

③改變目的後，就能減少不擅長處理的時間。

④想要增加幸福的時間，就得創造出喜悅的循環。

⑤擁有無人機的觀點，時間的價值會隨之改變。

⑥除了消費、投資、浪費外，第四種金錢的用法——幸費。

第3章

①無意識會逐漸消去時間。

②將多樣任務和單一任務分開使用。

③讓「時間的含意轉換」成為人生的武器。

④以命名讓時間的價值可視化。

⑤將時間歸自己所有的技術「化為以自己為主」。

⑥將時間歸自己所有的技術「序幕化」與「終章化」。

第4章

①在《海螺小姐》中登場的鰹，其選擇標準向來都很明確。

②先決定好時間的選擇標準，就能減少時間的浪費。

③「選擇」這樣的決定，與「不選擇」這樣的決定互為表裡。

④決定選擇標準的七個觀點。

(1)會不會後悔

(2)體驗價值高不高

(3)是否遵從身心的聲音

(4)幸福度高不高

(5)有沒有投資價值

(6)能否讓人喜歡

(7)會不會心裡舒坦

⑤情感會阻礙選擇。

第5章

①人生是以擬訂的行程所組成。

②行程要的不是管理，而是設計。

③記事本是設計人生的工具。

④要記錄讓時間可視化的時間簿。

⑤用來擺脫忙碌的隱藏正向訣竅。

捨棄　放棄　丟出　往後延　拒絕

⑥忙碌會降低「生產性」

第6章

①不參考專注力強的人所用的方法。

②專注力要以環境來創造。
③專注與休息要相互搭配。
④發揮驚人專注力的「8・31法則」。
⑤以「序幕化」來加上執行力。
⑥提升執行力的「同時正向」。

第7章

①人生中非重視不可的「創造回憶」。
②回憶＝強烈的情感×印象深刻的行為或體驗。
③仰賴意志容易失敗，但如果能養成長年的習慣，就能變得例行化。
④要知道自己的黃金時間是什麼時候。
⑤是「想做的事」還是「模仿想做的事」，要分開來思考。
⑥沒有想做的事情時，要打造出「自己內心歡愉的時間」。

國家圖書館出版品預行編目資料

這個布丁要現在吃？還是先忍耐？ / 柿內尚文 著；高詹燦 譯. -- 初版. -- 臺北市：平安文化有限公司, 2025. 7
-- (平安叢書；第 854 種)(Upward；182)
譯自：このプリン、いま食べるか？ ガマンするか？一生役立つ時間の法則

ISBN 978-626-7650-53-0 (平裝)

1.CST: 人生哲學　2.CST: 時間管理

191.9　　114007714

平安叢書第 0854 種
UPWARD 182

這個布丁要現在吃？還是先忍耐？

このプリン、いま食べるか？ ガマンするか？一生役立つ時間の法則

作　者—柿內尚文
譯　者—高詹燦
發 行 人—平　雲
出版發行—平安文化有限公司
臺北市敦化北路120巷50號
電話◎02-27168888
郵撥帳號◎18420815號
皇冠出版社(香港)有限公司
香港銅鑼灣道180號百樂商業中心
19字樓1903室
電話◎2529-1778　傳真◎2527-0904
總 編 輯—許婷婷
副總編輯—平　靜
責任編輯—張懿祥
美術設計—江孟達、黃鳳君
行銷企劃—蕭采芹
著作完成日期—2024年
初版一刷日期—2025年7月
初版二刷日期—2025年10月
法律顧問—王惠光律師

讀者服務傳真專線◎02-27150507
電腦編號◎425182
ISBN◎978-626-7650-53-0
Printed in Taiwan
本書定價◎新臺幣420元/港幣140元

• 皇冠讀樂網：www.crown.com.tw
• 皇冠 Facebook：www.facebook.com/crownbook
• 皇冠 Instagram：www.instagram.com/crownbook1954/
• 皇冠蝦皮商城：shopee.tw/crown_tw